大是文化

1%的努力，贏過99%的人

用打遊戲策略「玩」成工作，擁有一千萬用戶的日本PTT創辦人的「**精準閒晃**」成功學。

日本PTT「2channel」創辦人、英語圈最大網路匿名平臺「4chan」管理者
西村博之◎著
郭凡嘉◎譯

1%の努力

Contents

第四章 找定位比努力更重要 105

Contents

第六章

明天能做的事，就別在今天做：精準的閒晃

Contents

推薦序一

把自己放對位置，讓人生更輕鬆

得來素蔬食連鎖共同創辦人／關登元

在看這本書的時候，我回想了好多過去，也讓我想到了教育這件事。

我有一個三歲的女兒，也常常在想該給她怎麼樣的環境與教育，尤其是言語對她的影響。我是否會落入「比較」中？我會是個要求她一定要成為第一名的那種父親嗎？這是我時常在反思的一件事。

想起過去，是自己愛比較，還有覺得凡事都要努力。

我是個從餐車開始做起的創業者，初期凡事親力親為，想到什麼就做什麼，非常的努力，每天工作十幾個小時，但換來的常是筋疲力盡，且不一定賺到錢。

現在的我，能兼顧家庭與事業的發展，也有更多的時間去思考與做決策，這過程中我認為最大的改變，就如同書中提到的，「比起埋頭苦幹，要先思考優先順序」。

並不是說努力是錯的，有一句話叫「**選擇比努力重要**」，有時當我們過度努力，會無法用腦袋思考；先找出好的方向，在該努力的時候努力，該放鬆（偷懶）的時候放鬆，調整自己的身心靈節奏，這反而是更重要的一件事。

這本書給了我許多的反思，也讓我思考現在的自己，觀念、思維是否有需要調整的地方。

書中有許多地方寫得很真實，這不是勵志書，反而讓我們更看清楚現實，例如：成功的第一步，戒掉心靈雞湯。確實，長期的創業過程也告訴我，心靈雞湯往往只能短暫的安撫內心的挫折，但無助於我們改變事實。

「明天能做的事，就別在今天做」，第六章的標題跟我們過往學的「今日事今日畢」看似有所衝突，但其實書中所提到的，更多是教會我們如何分配能量，更聰明且更快樂的做事，達到事半功倍的效果。

我們做事的價值觀與信念，對辛苦感與幸福感的影響很大。有時用錯誤的方式做事，看似很努力卻做不出成績來；但有些成功的人，事業做得很順利卻怡然自得，這當中一定有差異，其中的答案就是這本書教我們的觀念。

別讓戰術的勤勞掩蓋在戰略上的懶惰，無論是創業者或工作者，都應該看看這本書，將書中所傳達的價值觀帶入生活中實踐，**把自己放對位置，讓自己的人生更輕鬆**。

推薦序二
用一%的努力，慵懶過上成功人生

樹狀圖筆記術達人／張柏崧

市面上很多書都在教你怎麼努力才能成功，但這本書恰好說中了我的心聲，那就是**選擇才是王道**。事實上只要足夠了解自己，並且做出正確的選擇，你大有可能像本書作者一樣多出大把時間可以偷懶，同時又被稱為人生勝利組。

我看過太多努力的人，最後卻往往無法得到反映其努力的成果，這令我覺得相當可惜，但現實的世界確實就是這樣運作的，選擇比努力重要，不去思考選擇而只是一味的努力，實際上是另一種形式的偷懶。

我從來沒有看過一本書，作者竟然叫你不要努力，甚至告訴你多數的工作只要有高中生程度就能完成，但作者就在自己的人生中實踐這套方法，學生時期打工，往往覺得工作非常輕鬆，甚至還能省下時間偷懶，結果竟然還被誇獎甚至提拔！這到底是怎麼做到的？

這就牽扯到本書的關鍵，也就是所謂的一％的努力，實際上**你還是需要付出努力，但可以只集中在這最關鍵的一％上面！**書中花了很大的篇幅講該怎麼做到一％的努力，我認為作者提出的方法恰巧也跟我做事的原則不謀而合，我有一個理論叫做**「亮點理論」：別人都在做的事你只需要做到八十分，而別人沒在做的事你則要做到一百分**，這樣一來你做的事就有亮點，你不但可因此脫離激烈的競爭，又更能脫穎而出被看見！但要做到實際上需要強大的心理素質，你必須有不畏懼跟別人做不同事的勇氣，並且真心相信你在做的事有價值。

舉一個實際的例子來說，我身為筆記術達人，在準備考試的前期，往往會花大量的時間整理筆記的架構，比起前期就在大量刷題的同學，我前期的成績總是無法名列前茅，可是一旦我整理好筆記架構，在準備考試的後期，我的成績往往躍升為班上的前段班，這在我的人生中幾乎可以說是屢試不爽！這也可說是我付出的一％努力。

你也想要過慵懶卻成功的人生嗎？這聽起來很棒不是嗎？但這不代表你可以不付出任何努力，實際上恰恰相反，你必須有勇氣做跟別人不一樣的事，花更多的時間蒐集資訊，並且準確的了解自己和他人的需求，才能用最少的精力，發揮最大的效率完成任務。

本書作者提到他之所以成功創立好幾個網路平臺，且現在人在巴黎過著週休四日的生活，就是因為他清楚的知道自己人生最優先的需求，並且對於新事物都保持一顆好奇心，也因此才能抓住機會，於是他就有了很多時間可以偷懶。

事實上，或許連偷懶也是一種才能！正因為想要偷懶，才會想出節省時間的辦法，也才可以發現更多的機會，「就算不用活得那麼努力，也沒關係。」這本書正是要把這套方法分享給你，期待每個讀這本書的人都能享受其中，並且活用在自己的人生，讓自己過得更有餘裕。

你有偷懶的才能嗎？

如果你認為「努力」是最重要的，
那麼我希望你嘗試做這件事：

錢包和手機留在家裡後走出家門。
然後，試著就這樣度過一週，
但你不能找家人幫忙。

一週後，你身上的衣服是否還很乾淨、肚子是否能溫飽，
像什麼都沒有發生的一樣，回到家裡？
如果你辦得到，那你就沒有必要讀這本書。

本書主要是在教你如何練習脫離人生的軌道，
試著兩手空空的活下去。
當你去朋友家過夜時，你覺得自己能做什麼事？
當你露宿公園時，你會想做些什麼事？

當你肚子餓時，最先想到的溫飽方法是什麼？
你會想到可以到什麼地方、找什麼人求助，才能好好的活下去嗎？
這些全都代表你的生存能力。

觀察螞蟻築巢時，可以發現螞蟻大致上分成兩種——
工作的螞蟻與不工作的螞蟻。
工作的螞蟻會認真辛勤的完成被交付的工作，
例如清掃巢穴、搬運食物；
而不工作的螞蟻則是懶洋洋的什麼也不做。
但牠們偶爾外出閒晃，看起來像在偷懶時，
卻發現超巨大的食物，並回到巢穴裡通報，再由其他螞蟻搬運。
而我希望你成為一隻不工作的螞蟻。

就像不工作的螞蟻一樣，
當你不被金錢與時間控制時，反而更容易看到機會。

是否能成為不工作的螞蟻，正考驗你是否有偷懶的才能。

例如把原本該花兩個小時才能完成的工作，

在一個小時內做完，就會多出一個小時的自由時間，

之後你甚至可以思考，有沒有可能在三十分鐘內做好。

我會在這本書中說明，如何看出自己是否有偷懶的才能，

以及鍛鍊出這種才能的方法。

這麼做的目的只有一個，就是不斷累積人生的幸福總量。

天才擁有一％的靈感，凡人則投靠九九％的努力。

但我各取了兩者的優勢，用一％的努力獲得了最大的成果。

舉例來說，

我在就職冰河期並沒有就業，過著沉浸於網路中的生活。

（按：日本就職冰河期，指一九九三至二〇〇五年，日本泡沫經濟破滅後的就業困難時期。）

而我創立的「2channel」，只是模仿了其他網路服務的優點；

影片分享網站「niconico 動畫」，則是參考許多多玩國公司員工的創意。

（按：2channel 是日本最大的網路匿名文字討論版；niconico 動畫由日本多玩國公司營運，作者為這兩個平臺的創辦人。）

因此，我可說是將偷懶、不努力發揮到極致，並藉此在法國的巴黎過著如同退休般的悠閒生活。

於是，我想將至今無數次脫離人生軌道的生存之道與想法，盡可能的分享給大家。

想成功，需要的並非是金錢或時間，而是思考——

多下一點功夫思考，就能改變做事的方法；

當你思考如何追求閒暇，就會知道自己想要做什麼。

換句話說，最重要的是用自己的大腦思考。

所以，不要把自己的行事曆填滿，要創造一些空白；

不要將雙手塞滿，而是空出一隻手來。

不要想著「只要努力，就能船到橋頭自然直」，

因為想以努力來解決問題的人，永遠不會改變做事的方法。

那麼要怎麼改變做事的方法？讓我來告訴你。

自序
做對一%的努力，就能贏過九九%的人

發明家愛迪生有句名言：「天才是一%的天分，再加上九九%的努力。」然而眾人都誤解了這句話的真正意思。

事實上，這句話很現實的告訴大家：「如果沒有一%的天分，那麼九九%的努力也是白費的。」世人卻將這句話以「只要努力，就能開創一條康莊大道」的意思流傳下來。

在發明的世界裡，出發點很重要。「我要做一顆會發光的球。」唯有一開始想到了這樣的點子，接著用竹子、金屬等材料實驗，反覆嘗試，努力才會變得有價值。

若沒有一開始的想法，就算累積了無數沒有意義的努力，也不會成功。

努力難以戰勝環境，我只能放棄嗎？

如果有人問我有沒有推薦的書，我會不假思索的說出《槍炮、病菌與鋼鐵》（*Guns, Germs, and Steel*）。這本書對於「為什麼白人能稱霸世界？」這個問題，提出了各種證據，結論是「從歐洲連結到亞洲的這塊歐亞大陸，東西幅員廣闊，因此白人能取得世界霸權地位」。

白人能稱霸全世界的理由，並不是因為出現像愛迪生或愛因斯坦之類的天才，而是因為歐亞大陸的環境有助於生產小麥、稻米、馬鈴薯和玉米等作物，以及養育牛、羊和馬等各種家畜，且因呈東西走向，氣候接近而利於農業傳播。這樣的因素拉開了與其他大陸之間的差距，進而發展出南美洲、非洲大陸難以望其項背的技術與文化。

我也從中得出自己的結論——人類的努力幾乎是無意義的。無論人類再怎麼努力，都無法改變大陸的形狀。而我的生存方式，就是從這個想法衍生出來。

許多研究數據都明確且毫不留情的顯示，在現實中，「環境」大大的影響了一個人的人生。

例如日本最高學府東京大學中有六成的學生，父母的年收入在九百五十萬日圓（按：依二〇二一年五月初匯率計算，一日圓約可兌換新臺幣〇．二六元）以上。其中父母的年收入未滿四百五十萬日圓的學生只占一成左右。大學入學考試是公平的，然而教育環境、能否補習等，跟是否出生在有錢人的家庭有關，這對學歷造成很大的影響。

另外，世界上最富有的前二十六人的資產相加，就高達一百五十兆日圓，這個金額和世界上最貧困的三十八億人擁有的全部資產相同；義大利的佛羅倫斯保存著人民六百年以來的納稅紀錄，根據紀錄，六百年前屬於富裕階級的家族，到了二〇二一年仍然是富裕階級。

不只是環境，「遺傳」也是影響人生發展的因素。據說一個人的學業成績，有六成受到父母遺傳的影響。

除此之外，演藝事業相當看重外貌和身材，這也由遺傳決定。如果長得還不錯，那麼鍛鍊身材後說不定能順利出道當藝人，但如果長相平庸，真的就無可奈何；有人說音樂的才能有九成以上由遺傳決定，所以就算想當藝術家，也要看有沒有天賦。

儘管藉由努力，結果可能會產生變化，但如果人生的起跑點與他人有壓倒性的差距，那麼想靠努力縮短差距就相當困難。在我們了解這點後，接著就要思考即使努力難以戰勝環境，自己仍能改變什麼，以增加幸福的總量。

日本在二〇〇〇年前後出現網路泡沫（按：一九九五至二〇〇一年，與資訊科技和網路相關的投機泡沫事件。此時期在歐美、亞洲股票市場中，相關企業的股價快速上升）。因有些ＩＴ（資訊科技）企業提供認股選擇權（stock option，員工能以預定價格在預定期間內，買進預定數量的企業股份）給員工作為獎酬，所以一般上班族當時能藉此獲得一億日圓。這些人並不是因為擁有值得獲得一億日圓的優秀能力，也不是付出了價值一億日圓的努力，而是**在對的時機，身處在對的場所罷了**。

此外，據說當谷歌（Google）收購 YouTube 時，接待員就獲得了一億五千萬日圓。世界上到處都充滿像這樣的機會。

那些事先看到機會的人，通常會憑著自己的感覺行動。「待在這裡可能不太妙。」、「去那邊好像比較好！」當他們這麼想時，會重新組合自己的想法，思考後改變所處的位置。

避免被過時的觀念局限

然而，過去的常識有可能會阻礙你靈活思考。例如，如果你對父母說：「我被銀行錄取了！」那麼父母大概會對你說：「這樣你就有一輩子的固定飯碗了。」

但根據日本金融廳（按：負責監督與管理金融事務、制定金融政策的行政機關）的調查，地方銀行（按：定義上指日本全國地方銀行協會的加盟銀行，除了北海道和東京都，大多數是總行所在地的最大金融機關）的收益總額每年都在降低，五年連續出現赤字的銀行也不斷增加。在此業界，通常會從營運狀況不佳的銀行開始倒閉，這是不變的道理。

因此，就算你在表面上光鮮亮麗的銀行上班，而且又是一個很優秀的人，也無法阻擋日本銀行逐漸減少的趨勢。既然如此，那就順著風向轉移到其他業界比較好，重要的是順應自己的感覺。

我再舉個例子。許多年輕人習慣使用網路銀行，且只要有提款機就能領錢，因此就算住家附近沒有銀行，也不會感到困擾；另一方面，老年人若不會用網路銀行，只能到銀行的臨櫃窗口辦理匯款，所以住家附近一定要有銀行。

試想一下，十年後究竟是有很多臨櫃窗口的銀行，還是網路銀行非常完備、在許多便利商店設有提款機的銀行，會發展得更好？這個問題的答案再清楚不過了，可是思考僵化的老年人卻會答錯。

年輕人還有接下來幾十年的人生，但如果受到缺乏現代必備知識的老年人的影響，吃虧的就是年輕人，而老年人可以成功逃離這一切。

那麼，**如何透過思考，找到即使不努力也可以成功的環境？**這就仰賴我們能否在獲得現代的資訊與知識後，以聰明的判斷做出選擇。

成功的第一步：戒掉心靈雞湯

我是出生於一九七六年的日本就職冰河期世代。我認為，這個世代的特徵是會用自己的頭腦思考。

比我年長的世代是泡沫經濟世代（按：指日本一九六五至一九六九年出生的世代，他們投入職場的時間是泡沫景氣〔一九八六至一九九一年〕，找工作比較容易），他們不斷讚揚著那個時代，或許是因為一直以來，他們都被公司保護得很好。

然而他們的世代到了現在，卻陷入早期退休的裁員風暴當中。而我的世代因為時運不濟，大家都被迫思考，所以學會了養活自己的能力。雖然很諷刺，但不好的環境會造就人才，時代不佳反而因此帶來成長的機會。

比我年長的世代，經常有人認為以前的時代比較好，不過看數據會發現比起昭和時代（一九二六至一九八九年），平成時代（一九八九至二〇一九年）的殺人和餓死的事件都比較少。

在面臨人生的選項時，每個人都會以不同的基準思考、下判斷。我想根據自己的經驗，教你如何以長遠的眼光，選擇相對較好的選項。

某些成功人士會臉不紅氣不喘的說：「大家加油！只要努力就可以獲得幸福，不努力就會陷入不幸。」但就算每個人都努力，也不可能每個人都成功、賺大錢。除了努力之外，能力也是必要的。唯有具備能力與努力，才能獲得成果，所以沒有能力的人再怎麼努力也是白費的。

大家都很喜歡聽從谷底爬上來的故事：就算過程再怎麼悲慘，只要咬緊牙根、耐住性子，就能成功。但現實並非如此。買了高級的錢包，不表示你會變有錢；事實與此相反，其實是有錢人的錢包都很貴而已。如果像這樣對因果關係產生誤解，人會變得不幸。

不過，還是有一些有能力卻不努力的人，以及深知環境與遺傳這些因素難以改變後，接受了自己的無能為力，並稍微調整思考方式，而獲得幸福的人。我希望自己能撇開場面話，提供一些意見給他們。這就像掌穩一艘大船的舵，慢慢改變船的前進方向。

本書由七章構成。很多商業書籍會把重要的句子加粗，但仔細閱讀後，會發現連沒那麼重要的地方也被加粗了。本書只會把真的非常重要的句子加粗。

這本書是我盡了自己應盡的努力撰寫後，再花兩年以口述告知編輯的方式，完成剩下的部分。我盡了自己的一％努力，剩下的九九％則是靠編輯。

第一章

跟大家不一樣，你才有競爭力

我於一九七六年在日本神奈川縣出生，年幼時全家搬到東京都北區的赤羽，並在那裡長大。另外，我從小學開始，就會用電腦寫程式。

我在看了災難電影《海神號》（*The Poseidon Adventure*）後，對於它最後有個快樂結局感到震驚，而開始喜歡上出乎意料且脫離常軌的人生。「就算沒錢也活得下去」、「不工作也沒關係」，在我思緒最深處有著這樣的想法，這也違背了世間既有的常識。

人的想法通常受到家庭環境的影響，所以我就從此開始說起。

1 很多事跟蛋盅一樣，不是必需品

長大後，我因發覺到大家對生活瑣事有不同的認知，內心受到衝擊。舉例來說，我想問你一個問題：「你家裡有蛋盅嗎？」你的答案是什麼？所謂的蛋盅，就是擺在餐桌上，只用來放蛋的容器。

我相信聽到這個問題的人，出現的反應會分成兩大類——「拜託，家裡一定要有蛋盅。」以及「那是什麼東西？我沒看過。」

我先說我的想法：這個世界上竟然有專門設計用來放蛋的容器，它的存在明明就很奇怪。蛋用什麼容器裝都可以，只要是一般的小盤子，不管是蛋還是其他東西都可以裝，但蛋盅就只能用來裝蛋。竟然有人捨得花錢買它，而且一副理所當然的樣子，這讓我感到非常震驚。

自從我知道了這件事後，每次去雜貨店都會發現，原來確實有在賣蛋盅。過去我根本不會注意到的東西，因此變得顯眼了起來。

我為什麼會問這個問題？因為我想告訴你：當你看到比較對象後產生什麼樣的想法，會影響你的人生。「我家竟然沒有蛋盅……真的很丟臉。」相信也有人會這麼想。

蛋盅只不過是其中一個例子，其他還有：「我小時候讀的幼稚園，要通過入學考試才能入學。」、「我們家出國時一定會坐頭等艙。」、「我家的院子很大，還可以踢足球喔！」等。

出社會、開始使用社群媒體後，會出現很多想和他人比較的時刻。尤其是到大城市讀大學、到不同城市就職或結婚等，每當遇到人生大事，人際關係有所改變時，不免會遇到想比較的對象。

然而如果不和他人比較的話，人生不是比較幸福嗎？如果你不想總是和他人比較，內心必須堅定的想著：「我就是這樣活過來的。」當你羨慕別人時，我希望你意識到：「蛋盅根本是不必要的東西。」如此一來，當你面對人生中各式各樣的狀況，就能重新思考，這或許可以讓你鬆一口氣。

通過入學考試才能就讀的幼稚園＝蛋虫。

飛機頭等艙＝蛋虫。

有寬闊庭院的房子＝蛋虫。

你只要在腦海中這樣迅速轉換就好。遇到覺得家裡有蛋虫是理所當然的人，你完全不必感到自卑。

我們來談談不丹這個國家。不丹是一個貧窮的國家，以前人們幾乎都從事農業，但國民的幸福程度很高。

然而自從不丹的經濟稍微發展，人們開始看電視後（按：一九九九年前，不丹政府禁止引進網路和電視），他們就接觸到「借錢」這個概念。由於他們沒有接受完善的學校教育，因此對「借錢買東西」的想法沒什麼反抗，導致大家都借錢，卻無力償還，幸福程度因此下降。

人在思慮不夠周全的狀況下獲得資訊，就容易受騙上當，不丹的人民正是如此。如果他們沒有獲得那些資訊，或許到現在仍是普通的幸福國度，可以說資訊有時候會導致人的不幸。

2 生活背景不同，接受事物的方式就不一樣

我在東京都北區的赤羽長大，赤羽位在東京都的北邊、東京都和埼玉縣的交界處。當地有很多便宜的居酒屋，以「一千日圓即可酩酊大醉」的城鎮聞名。

住在東京以外的人，會以為東京到處都是高樓大廈、很時髦、很有錢，但事實並非如此。

赤羽有很多人一大早就在商店街喝酒，整個鎮上的人也覺得理所當然，充滿庶民的氣氛，我就是在這樣的地方長大。我之所以會聊到自己的成長背景，是有原因的。

我經常受邀上電視節目或出席一些活動，邀請我的單位都會希望我針對新聞時事做出評論。有些人聽到我說的話後，會這樣批評我：「怪人在說一些奇怪的

話！」我不會特別想改變對方的想法，但我認為這些人應該要意識到，人們會因為成長背景不同，而有不同的價值觀。當你這麼想，才能獲得新的知識與資訊。

總而言之，如果成長背景不同，接受事物的方式就不一樣。

除此之外，假設我說：「一個月只要有五萬日圓就能過活，剩下的錢應該要存下來。」這時會出現兩種人。一種是很率直的接受這個說法，並且執行的人：「原來如此，我知道了！」另一種人則是馬上反駁：「不，這只有你才做得到。」

我認為**人應該在年輕時，盡量體驗貧窮的生活**。例如，遇到減薪、被裁員的情況，你會親身體驗到生活水準下降是怎麼一回事，這種親身體驗非常重要。只**懂道理和親身體驗過，兩者雖然很像，但完全不一樣**。

哪裡不一樣？例如，只要你肯低頭拜託，和其他人要一日圓的話，任誰都願意給你。這麼一來，向一億人要求的話，就可以得到一億日圓。這個方法以理論來說是可行的，但並非是能親身做得到的事。

其他還有很多像這樣的例子。出現新產品或服務時，或許有人會想：「我也曾想過一樣的點子。」但就算你曾在腦中想過，還是和實際做出來不一樣。不管是誰都可以一邊看棒球賽，一邊在腦子裡幻想自己打出全壘打。

回到前面的話題，「一個月只要有五萬日圓就能活。」當你聽到有人這麼說時，如果會回想起學生時代或剛出社會時的親身體驗，覺得：「雖然那時真的沒錢，可是的確還過得下去……。」那麼你能認同我說的話。

另一方面，如果你從小到大都過著不愁吃穿的生活，開始工作後又住家裡，所有的薪水都拿來犒賞自己，那你大概無法理解我的話。

「這個人的想法比較特別。」這種想法很容易演變成對人的歧視或偏見。為了避免產生偏見，我們能做些什麼？**遇到了想法和自己不同的人**，請試著思考：**「我和這個人是不是有不同的價值觀？」**

每當我介紹赤羽時，都會提到一個小故事：有一部仿紀錄片形式的電視劇叫做《東京都北區赤羽》，由演員山田孝之主演，原作漫畫是由和藝人壇蜜結婚的漫畫家清野通所著。這個作品的舞臺背景就是赤羽。

山田孝之曾有一段時間因工作而陷入焦慮，那時他讀了原作漫畫後，突然說出：「我現在需要的就是赤羽！」並計畫搬到赤羽居住。接著山田孝之到赤羽的工商會所，告訴大家：「我想住在赤羽！」沒想到所長卻直接告訴他：「我勸你不要比較好。」有名的演員說要住在赤羽，本來應該是一件令人開心的事，不過他卻沒有這麼回答。

我過去就讀的小學裡，有九成左右的學生都住在團地（按：日本在戰後大量興建的密集廉價住宅開發區），其中主要住在稱為「桐丘團地」的地區。剩下的一成則是住在獨棟的房子裡，算是少數。

所以我從小就認為，住在團地是一件很普通的事。那時我心裡一直有個疑問：「住在獨棟房子裡的人，大掃除時要如何打掃？」我無法理解擁有這麼大的家是什麼感覺，理由很簡單，因為實在很難應付。

當時我家的格局是兩房一廳，地點在離赤羽車站不遠處，房租大約是兩萬日圓，算是跌破眼鏡的便宜價格。不過我住的地方，正確上來說是位在桐丘團地旁邊的國稅局宿舍，構造跟團地一樣，但只有國稅局的員工能住在這裡。因為是屬於國稅局的宿舍，那時如果身為國稅局員工的父母過世了，我就必須在一年之內搬離，現在想一想，規定還真嚴格。

3 你也是兒童房裡的大叔嗎？

現在日本網路上流行「兒童房的大叔」這個新詞，這是指長大後仍跟父母同住的中年單身男性，他們待在從小到大住的房間裡，用同樣的書桌和床鋪，就這樣度過三十歲、四十歲、五十歲……隨著社會晚婚化與高齡化，兒童房的大叔不斷的增加。

一出現像這樣的新詞，會讓人覺得好像突然出現某個新人種一樣。草食男、毒父毒母、宅男宅女、繭居族、怪物部屬……不過他們並不是突然出現，而是從以前就一直存在。

例如，「尼特族」（NEET，為 Not in Employment, Education or Training 的縮寫，指不就學、不就業，或不參加就業輔導的年輕人）雖然是從二〇〇四年左右開始出現的詞彙，但在更早以前就有尼特族，其實江戶時代就有，甚至很可能在原始時代也有。

當一個新詞突然出現且社會熱烈討論時，你可以試著這麼想：「他們從古代就一直存在了。」我小時候周遭有很多申請補助的大人，無論是兒童房的大叔、尼特族，還是憂鬱症患者，總是在我的身邊。所以對於身為大人卻不工作，我認為不是什麼嚴重的事。

同樣的，「離婚」也是如此。當時我有一個朋友，家裡有爸爸和媽媽，父母的關係卻是「離婚」的狀態。因為如果住在團地，是雙薪家庭的話由於收入總和比較高，房租會跟著變高。

為了避免這個狀況，有些人會申請離婚，變成單親家庭，讓房租不會提高。為了讓房租變便宜而離婚，這在團地是相當普通的事。

因此無論是哪個家庭，如果有人離婚，大家都不會太驚訝，且小孩子也能理解。因為身邊有很多大人採取像這樣的策略性離婚，所以是否在相關文件上維持夫妻關係，對我來說也只是一張紙的差別而已。

4 眼光放低，看任何事都沒壓力

每個家庭的狀況不同，有人會對自己家裡有兒童房大叔、沒在工作的大人感到羞恥；而桐丘團地因為這類的人很多，經常可以看到旁人擔心詢問：「他們家的小孩在做什麼？」、「大白天的還到處閒晃，沒有問題嗎？」或許父母不覺得被他人討論是壞事，所以不會躲躲藏藏，可以說他們想維護面子的底線，是異常的低。

過去的桐丘團地，人們家裡的大門幾乎都不上鎖。畢竟想偷東西的人，根本不會來充滿窮人的地方。另外，大家知道彼此都很窮，所以不會互相爭奪。

如果擁有物品和金錢，就會產生想守護的心，這也可以用來說明無法用肉眼看見的地位和尊嚴——人會在不知不覺間，設定維護地位和尊嚴的最低底線。若把底線設得太高，為了遵守底線，就必須付出更多精力。

對於住在桐丘團地、底線很低的人們來說，該守護的東西很少，所以活得很輕鬆，想工作就工作，不想工作就靠領取補助過活。

小時候，我的生活周遭有許多小孩。由於大家都很窮，時間也很多，因此有種整個地區一起養小孩的感覺。大家都認識鄰居的孩子，也經常到朋友家吃飯、過夜。現在回顧這副貧窮的光景，讓我覺得很懷念。我並不是想回到過去，而是認為人們相互扶持、沒有競爭且能懶散度日的環境也不錯。

長大成人後，當我開始接觸到在其他地區長大的人，才發現自己認為理所當然的事並非理所當然，甚至在其他地區居住後，才發現人們有不同的標準。

正因為上述的原因，我並不認為人一定要工作才行。

另外，我的父親是稅務員，換句話說就是公務員。對公務員來說，不像做生意的企業家，沒有必須賺大錢的企圖心。

我實際上不了解這份工作在做什麼，父親也不會和我談論工作的事。「今天在公司有一個很重要的企劃。」、「我這個月幫公司賺了一千萬日圓！」如果我在小時候聽過這類的事，說不定我會對「一定要工作」稍微執著一點。

我的父母採取放任的管教方式。我在高三時，有一次喝了酒後，騎自行車回家時被警察發現，並被帶到警察局。警察請我父親到警察局，我只記得父親一直嘿嘿嘿的傻笑，讓我至今印象深刻。或許他了解這不是嚴重的事，而且沒對他人造成困擾。

我以前的朋友之中，有人加入黑道，也有人加入右翼團體（按：主張維護國體、敵視共產主義的日本民族主義右派組織）。當我跟其他人說這件事時，反應會分成兩種。一種是覺得：「不太妙！」另一種則覺得：「世上也會有這種事。」

每個人對於「不太妙」、「悲慘」的基準都不一樣。是被主管罵了很悲慘，還是失去工作很悲慘？是負債了很悲慘，還是失去房子很悲慘？對我來說，這些都還算普通。「自己遇到什麼樣的狀況會覺得很悲慘？」請試著思考對自己來說，什麼樣的狀況算是最慘的事。

我有一個小學朋友，某天突然遭到高利貸討債。對於為什麼發生會這種事，他完全沒有頭緒。調查後，才發現是弟弟偷了自己的駕照借錢。高利貸威脅他：「如果你不還錢，我就把你弟弟帶去警察局。」不得已的情況下，哥哥只好代替弟弟還錢。在我身邊充滿了像這樣的事。

這個世界上也有人因為考不上大學，就覺得自己的人生完了。我認為人生的標準這麼高，活著實在很辛苦。我身邊大都是從小生活在團地的人，很少人讀大學。儘管如此，卻沒有人因為找不到工作餓死。

認為自己是活在社會底層的人，若看到有人比自己活得更辛苦，就不會覺得自己的人生完了。因此，我建議你趁年輕時，到貧窮的國家開眼界。要是難以成行，也可以看相關的書籍或電影。與其看商業書籍，學些商業技巧，這種見聞對你的幫助更大。

在美國與墨西哥的邊境，是很有名的危險區域。我在大學時，曾去過墨西哥一個稱為提華納（Tijuana）的城市，那個地方是世界知名的危險地區。另外，知名的美國影集《絕命毒師》（*Breaking Bad*）中，描述了在美墨邊境的黑手黨根據地艾爾帕索（El Paso，位於美國）和華雷斯城（Ciudad Juárez，位於墨西哥，對面是美國的艾爾帕索），主角如何一步步成為毒梟，讓人印象深刻。我也曾到這兩個地方旅行過，因為大家都說美墨邊境的治安很差，讓我覺得好像很有趣。

我到美墨邊境旅行時，墨西哥這一側的街道相當冷清，那裡有一個像市場的地方，但一百家店中大概只有五家在營業，跟廢墟差不了多少。

我心想：「這個城市真是太死寂了。」之後回到邊境一帶，並走到另一側。這時我看到商店街，街上有一些時髦的咖啡店，人們過著很普通的生活。我試著點了墨西哥夾餅來吃，味道還不錯。

那時我想，治安很差的印象，或許使人停止思考。就算是被人稱為治安很差的地方，只要居民快樂的生活著，其他人也沒什麼資格批評。

回到前面的話題，守住面子究竟有什麼好處？沒工作的小孩整天待在家裡，如果不會為其他人帶來困擾，那就不必感到羞恥。跟比自己好的人比較，就像煩惱家裡沒有蛋蟲一樣；跟比自己差的人比較，會覺得自己還不錯。

5 有人在乎面子；有人在乎公平

很多人總是不願承認人類的不足。許多被稱為菁英的人，在剝掉外面那層皮後，其實是會作奸犯科的人類。明明每個人都知道，這世界上根本沒有堪稱完美的人。

我在小學時，每天都會被老師罵。因為我會對朋友惡作劇，或在上課時做和課堂無關的事。就算被老師警告，我還是會不服氣的反抗，所以經常和老師起衝突。如果上課很無聊，我會偷看漫畫，被老師抓到了，我會回嘴：「因為上這堂課沒用，還不如看漫畫。」我就像這樣，碰到不能接受的事，與其移開目光，還不如正面直視。

在我小時候的朋友當中，有一個人後來成為繭居族。有一次我遇到他，「好久不見！」他向我打招呼。和他聊了一下後，了解到他似乎得了憂鬱症，做什麼事都提不起勁，因此一直待在家裡，不想嘗試新事物。

雖然在家過日常生活對他來說不成問題，但若想從事其他行動，內心會感到特別費勁。例如光是出一下門、打電話給別人，就會覺得很疲累。不能說是因為父母沒有照顧好他才變成這樣，且這不是單憑本人的意志就能改變。「總之就變成這樣了。」他只能這麼說著，接受了這個狀況。而從小生活的團地，接受了這樣的他。

據說桐丘團地現在要展開更新計畫，花二十年建造一棟高樓大廈，讓所有的人搬進去再把其他的地方剷平。我父母那個世代的居民，有許多人還留在那裡，因為大家彼此都認識，房租也很便宜，根本沒有搬家的必要。

由於這個更新計畫是國家主導的大規模修繕計畫，居民不須冒什麼風險，因此早期就居住在團地的人，看起來是享盡了好處，所以有人對此加以批判。但我認為，居住在團地的人要主張自己擁有的利益。人是守護權利的生物，自己的利益沒有人會幫你守護，要靠自己守護。

有原本住在團地的居民之後自己賺了錢，就把房子讓給親戚住；另外，很多團地住宅沒有浴缸，所以有人會修改房屋格局，把陽臺的一部分空間改成浴缸。我小學時，就看過很多這樣的房子。

現在回想起來，那明明是租的房子，卻進行如此大規模的內部整修工程，到底要不要緊？但他們或許是抱著一輩子住在團地的覺悟，才決定這麼做。由此可知，如果**守護尊嚴（面子）是強者的邏輯，那麼守護權利（公不公平）就是弱者的邏輯**。

6 隨時空出一隻手，才能抓住機會之神的瀏海

我前面鋪陳了這麼多，就是想提醒你要成為抓住機會的人。這是什麼意思？

乍看之下，我們很難看出一個人有沒有真的在工作。例如，某個人放在桌上的手正敲打著鍵盤，看起來很認真，但說不定他的腦中一片空白；相反的，有時人在認真思考時看起來像在發呆，讓人以為他在偷懶。

不想付出努力的人，會思考怎麼做才更輕鬆；其他人則通常會想：「反正只要努力，大概會有辦法。」這種想法意外的危險，因為機會總是會突如其來。只要努力，就可以透過閱讀增加知識、擴展人脈、蒐集各種資訊，而且能提高遇到機會的機率。不過要注意的是，機會會在一瞬間消逝。

俗語「機會之神只有瀏海」是在比喻，機會之神後面沒有頭髮，所以如果你

沒把握機會，讓機會之神從你眼前走過，你就無法從後面抓住。

舉例來說，假如有人突然邀請你一起創業，或邀請你參加能認識其他人的餐會，這時若你的行事曆沒有留白，就無法抓住這些機會。所以，你應該盡全力的創造閒暇。不能等時間被空出來，而是主動創造時間。

有能力的人即使把行事曆排滿，在遇到機會之神時，也能靈活的抓住機會之神的瀏海；但若你不空出一隻手，就很難抓住機會。因此，如果你總是認為「努力就能解決」、「只要加點油就有辦法」，而不空出一隻手，就會錯失機會。

我建議你**隨時空出一隻手**。足球選手本田圭佑曾說過：「大家都在做射門的練習，但為了要順利射門，躲過敵方攻擊、將球帶進最佳位置才是更重要的。唯有能做到這些，射門的練習才有意義。」抓住機會的道理和這句話很類似。**與其做一些抓住機會的練習，還不如製造出隨時都能抓住機會的狀態，才更重要。**

以我來說，只要出現我認為很有趣的提案，我都會出錢投資，其中想賺錢的動機很小，通常是覺得好玩才這麼做。

不過，我不建議你把身上僅有的一點存款全用來投資或創業，把生活逼到死角。這個世界上有一些從學生時期創業，最後成功的ＩＴ創業家，他們的故事都很有名。但他們不是毫無成果就從大學退學，並讓自己陷入困境。

他們都是因為興趣而開始創業，之後越來越成功，事業規模越做越大，最後沒時間到學校上課，在這樣的狀況下選擇退學，不得已中止學業。如果你因誤會而搞錯優先順序，那可是一場悲劇。

7 老想用錢解決問題，你就不會深入思考

有個思考模式跟「努力就能解決問題」很類似，就是「用金錢解決問題」。

例如有人會認為，晚上就算搭不上末班車也沒關係，還可以搭計程車回家。但為了賺到計程車費，自己事實上花了多少時間工作？想必這些人一定沒思考過這個問題，平常就這樣浪費了很多錢。

據說從小就開始領零用錢的人很難存錢。我從高中才開始領零用錢，之前一直都活在沒錢的狀態下，因為我那時不想開口跟父母要錢。

小學時就算沒有錢，也還活得下去。這麼一來，我對於「用了會變少」的感覺不會越來越遲鈍。如果我從小就每個月領固定的零用錢，我恐怕會認為：「反正下個月還有錢可以領，所以無所謂。」人一旦手上有一筆錢，就會全部用光。

而且我小時候也沒有很多想買的東西。去朋友家就可以玩到電動，因此只要想打電動，去朋友家就好了。如果有想玩的電動，只要跟朋友說：「那個好像很好玩。」朋友就會買來玩。小朋友之間也沒有霸凌的問題。我前面已經提過，我住的地區大家都屬於社會的底層。

小時候我對用錢感到很厭惡，這種感覺使我在長大成人後，反而覺得自己賺到了。那些很喜歡花錢、買東西的人，必須努力工作賺錢才能滿足自己。這說不定能讓人變得專注於賺錢，但有的人適合，有的人不適合。

我經常動腦思考：**「沒有錢時，該怎麼辦？」**讓我的腦子全速轉動。「有沒有其他可以代替的東西？」、「是不是可以自己試著做做看？」、「可以拜託其他人幫忙嗎？」我會像這樣思考；傾向用金錢解決問題的人，不太會深入思考。

此外，透過金錢而連結的人際關係，只要失去了金錢，關係就會消失。例如成功的創業家一旦落魄，身旁的人就會遠離他。

我認為，單親家庭或接受補助的小孩子比較容易亂花錢，因為父母的金錢觀混亂，讓小孩也受到影響。我在國中時，有個朋友每個月可以拿到一萬日圓的零用錢。現在回想起來，他們家是單親家庭，其實過得很辛苦。

我住的地區裡，許多學生即使以前當過流氓，但他們最後也都成為堂堂正正的社會人士，建立了家庭，過著正當的人生。也許是因為他們很重視夥伴，擁有除了金錢之外的依靠。如果你沒有這種依靠，我建議你最好養成存錢的習慣。

在這一章裡，我提了自己小時候的故事，並討論了思考的原點。

我小時候住的國稅局宿舍，現在已經不存在了，我讀過的小學和國中也因為少子化而倒閉。連幼稚園也在我還在就讀時就倒了，後來搬到其他的地方，不過搬遷後又倒了。這些我記憶裡的場所，都一一的消逝，幼稚園、小學、國中都不見了。我讀的高中位在赤羽隔壁的地區，現在還在，不過如果是住家附近那些我去過的地方，都已經消失得無影無蹤。

所以我沒有「我有自己的家鄉，而且今後要一直守護」的想法，這麼一來反而比較輕鬆，既不用花時間懷念，也沒有必須抓著不放的東西，能活在兩手空空的狀態下。

第二章

比起埋頭努力，要先思考優先順序

一九九六年，我花了一年的時間準備重考後，考上日本中央大學。入學考試是畫卡式的，而我用最低限度的努力過關了。我不把目標設定在東京大學那種名校，只希望可以從大學畢業。我就是用這種方式生存。

就算進大學後，我也沒有意願追求高深的學問，只取得了畢業所需的最低學分，懶洋洋的度日，盡情的享受還沒成為社會人士的生活。

而一旦有了多餘的時間，我就想做些什麼。

為了消磨時光，我和朋友成立了網頁設計公司當作打工。我以學生身分創業後，在美國留學時開始覺得，以後就算不到一般企業上班，似乎也活得下去。

接下來，我來談談脫離人生常軌的瞬間。

1 該把什麼先放進人生的壺裡？

年輕人，尤其是大學生，經常會問我這個問題：「我現在這個階段應該做什麼比較好？」針對這個問題，答案其實很簡單。

大學生只要馬馬虎虎的念個書，能畢業就好了，基本上就是去做想做的事。儘管這是我的真心話，不過因為還是要決定做什麼事，所以我從這點開始說起。

在《第三道門》（*The Third Door*）這本書中，有提到關於巴菲特如何引導他人找到目標：寫下一年內想達成的二十五件事，並從中選出想在三個月內達成的五件，之後把剩下的二十件列在「不做的清單」裡，暫時捨棄它們。

雖然書裡提到巴菲特本人沒有這麼做過，但這個故事的重點是先選出最想做的事。

另外，如果我在學生面前演講，我通常會分享，在網路上很有名的「這個壺滿了嗎？」的故事：

在某個大學的某堂課上，教授一邊說：「我要考考大家！」一邊拿出一個很大的壺放在講桌上，然後將一塊塊的大石塊放進壺裡。

當壺裡裝滿了大石塊後，他問學生：「這個壺裝滿了嗎？」教室裡的學生回答：「滿了。」

「真的嗎？」教授一邊這麼說，一邊又從講桌下拿出了一桶沙礫。接著他把沙礫倒進壺中，一邊搖晃大壺，沙礫便緩緩流入石塊與石塊之間。

這時他再問了一次：「這個壺滿了嗎？」這下學生都回答不出來。一個學生回答：「大概還沒。」

教授笑著說：「沒錯！」並從講桌下拿出一盆細沙。他把細沙倒入石塊與沙礫的細縫裡後，第三次問了這個問題：「這個壺滿了嗎？」

學生們異口同聲的說：「還沒。」於是教授又拿出了一盆水，沿著大壺的邊緣倒了進去。最後，他問學生：「你們知道我想說什麼嗎？」

一個學生舉起手回答：「不管時間再怎麼緊迫，只要付出最大限度的努力，還是可以在有限的時間裡塞進行程。」

然而，教授說：「不是的，在這個例子裡，我最想告訴大家的是，如果你沒有先放大石塊，那你之後就不可能有機會把大石塊放進去。

「對你們的人生而言，什麼是大石塊？或許是工作、深愛的人、家庭或自己的夢想……這裡說的『大石塊』，就是對你們來說最重要的東西，請先把這些東西放進壺裡。不然的話，你們會永遠失去這些東西。

「如果你們先用沙礫或細沙，也就是用對自己來說重要性比較低的東西填滿壺，那麼人生會被不太重要的東西占滿。與此同時，也會失去大石塊，也就是沒有時間花在自己最重視的東西上，這會導致你失去自我。」

你的人生中有哪些事是應該優先去做的？希望你花點時間好好思考。**「對你而言，你的『大石塊』是什麼？」**請不斷的問自己這個問題。

同時請盡量告訴他人，你的大石塊是什麼。「對我來說吃飯很重要，所以我不想隨便選一家餐廳用餐。」、「我希望每年都能去一次海外旅遊，因此我每年都會為了旅遊請假。」、「和孩子相處的時間對我來說非常重要，所以我必須在五點下班。」你要向他人表明這些想法。另外，為了避免有人說三道四，我建議你事先準備用來反擊的論點。

決定好心裡的優先順序，並按照這個順序行事，這是你每天能活得幸福的祕訣。對我來說，我的大石塊是「睡眠」。不管會不會遲到，如果我當下很想睡，那我一定會重視這種心情。若到時候被罵，就算必須下跪道歉我也會做。不管是對朋友、熟人，還是工作夥伴，我都事先告知過這件事。

工作對我來說，只不過是像沙礫、細沙或水一樣的存在，如果先把這些東西放進我的壺裡，就得削減我的睡眠時間。這種人生，我死也不肯過。

2 喜好這件事，沒有邏輯可言

雖然大家可能會感到意外，不過我大學時沒有延畢，很順利的拿完學分畢業了。我並沒有出席全部的課，因為我選了一些不必出席也能拿到學分的課，想盡辦法以最輕鬆的方式畢業。

另外，畢竟我是為了拿到畢業證書而念大學，所以要是出席了某堂課，最後還沒拿到學分，對我來說簡直是浪費時間。因此只要是我有出席的課，都有拿到學分。雖然成績不太好，但畢業證書上不會寫成績，所以對我而言沒關係。

我大學有很多空閒的時間。一九九七年當我還是大學一年級時，那年冬天，我花大約十萬日圓買了一臺二手電腦，心想：「終於可以在家上網了！」

當時，有趣的網站並沒有像現在那麼多，於是我開始想：「我或許可以自己做做看。」我一開始做的網站，是關於如何取消交通違規的罰單，因為我很喜歡找法律漏洞，所以當初我是以分享有用資訊的心態製作。

我在選擇放進人生的壺裡的大石塊時，選了「睡眠」，這表示我無法過一般上班族的生活，因為我沒辦法一大早起床到公司上班。既然我已經明確了解這件事，那麼就可以思考，自己可以做哪些事。

大學二年級的春天，我和朋友一起創業。一開始創業的理由雖然是為了消磨時間，不過當時全球正好是網路的黎明時期，因此工作就不斷的如雪片般飛來。

我在大學三年級時，到美國的阿肯色州留學。美國的鄉下什麼也沒有，我卻有無限的時間。在留學的那段日子裡，我也持續著製作網站的工作。

於是我發現，像這樣在國外也能賺錢，不一定得待在日本。當我了解到就算脫離日本的框架，還是可以活下去，就產生出一股自信，覺得自己在何時何地都能活下去。就算剛到國外，不認識任何人，但只要鼓起勇氣交朋友，不管到哪裡都沒問題。

正因為如此，我現在選擇在法國的巴黎生活。如果日本的人口持續維持在一億人左右，或許我會留在日本。不過要是今後人口不斷減少，那我留在日本的好處就很少。

經歷過日本泡沫經濟時期的人深信，日本以後總會有出路，只要時代好，就算什麼都不做也沒關係；但像我一樣，經歷過就職冰河期的人，認為若沒辦法用自己的大腦進行邏輯思考，就無法生存下去。這在網路世界也一樣。

觀察網路上的意見，會發現許多邏輯思考占上風的場面。「A比較好，是B錯了。」、「不對，是A錯了，B才是對的。」出現這類爭論時，最終通常是邏輯正確的意見勝利。

不過，偶爾不一定是如此，例如對偶像的喜好就不能用邏輯爭辯，畢竟對可愛、不可愛的判斷非常主觀。

所以，這個世上可說是分為「邏輯講得通」和「完全是喜好」的世界。如果是喜好的世界，我通常會做出「哪個都可以」的判斷。在喜好的世界裡，我不會太認真，只要享受就好了。光是這麼想，人生就輕鬆很多。

過去，人們無論在社會或家庭中，都必須在封閉的世界裡接受不合理的事，拚命的忍耐才能生存下去。例如當對方的年紀比自己大，如果他的態度很強硬、說話嗓門很大，自己也只能默默的忍氣吞聲。

但在網路的世界裡，人們會像這樣聲援：「他也太可憐了。」、「那個人根本就是穿新衣的國王。」只要說出來的意見其邏輯正確，就比較有利。

3 哪些事我現在一定不做？

自從我決定了人生的優先選項是「充足的睡眠」、「拿到大學畢業證書」後，人生的大門就此開啟。

不過有些人因為重要的事情很多，所以難以決定優先順序。為什麼會發生這種事？其中一個理由就是有太多的資訊。

「那本書好像不讀不行。」、「要是不會講英文跟中文可能活不下去。」如果一直受到各種資訊刺激，內心也會跟著動搖。無法決定人生的優先順序，就會有越來越多做不到的事，人生會因此越來越不幸。

這時，我有一個協助判斷的方法——**「那有可能修復嗎？」**請以這個問題作為判斷基準。如果某件事是有可能修復的，那麼可以把它的順序擺在後面。

以我的狀況來說，如果睡眠不足會導致我思考不清晰、沒有靈感，而且沒有其他的方法可以修復。不睡覺的話，就沒辦法思考，所以非睡不可。因此我很重視睡眠。

另外，許多國家都支持禁菸，不過我並不排斥。相信大家都有看過吸菸吸得太多，肺部變黑的照片。但其實戒菸十年後肺會變乾淨，畢竟肺是由細胞組成，只要過了十年，受損的細胞會全部被替換。換句話說，我認為肺部有可能修復。

如果優先選擇去做不可修復的事項，後悔的狀況會減少。「因為沒念書，所以很焦慮……。」、「很想花大錢買東西！」在想到這些事的瞬間，你可以問自己：「我的大石塊是什麼？」、「那有可能修復嗎？」來克服這些狀況。

假設你七天後有一場考試，那你首先要做的事，就是試著思考：「要花多少時間準備，才能考到好成績？」如果只要一天就能達成，那麼只要在考試前一天念書就好了，在這之前可以盡情的玩樂。多多少少抱持著罪惡感玩樂，才會玩得開心；如果你一定得提早讀書，那就要從當下開始準備。

這個世界上要定義什麼是有用、什麼是無用，其實很困難。對某些人來說，在學校學的東西一輩子都派不上用場，反倒是漫畫裡的知識比較有用。不過，如果是以後還能獲得、有可能修復的東西，那就可以先歸類為沒用的東西。

在買東西時也一樣。如果以後還買得到，就不必非得當下買。我除了小學時在電影院排隊看《魔鬼終結者二》（*Terminator 2*）外，還真回想不起來其他排隊的經驗。

不過如果排隊能換取其他的價值，也沒有什麼不好。例如很多 YouTuber 會搶先買新發售的商品，並拍開箱影片，上傳到社群媒體與大家分享。

如果你學會如何決定優先順序，對自己的人生會有好處。

4 人生有目標，暫時茫然也不慌

決定了優先順序後，接下來就要決定目標。

持續過著懶散的大學生活後，我因為一個契機而決定了人生的目標，那就是郵局的定存利息。我大學時，定存利息是三%，我當時想：「要是有五千萬日圓的存款，那我就算什麼事也不做，每年也可以拿到一百五十萬日圓。」

如果活在那個時代，只要有足夠的存款，什麼事都不用做也可以靠利息存活下來，因此要是我的話，或許會想暫時找個公司上班，努力存一筆錢。

所以我在大學時，就開始計畫存五千萬日圓，希望未來靠利息生活。畢竟學生時代，我一個月花不到六萬日圓，因此當時深信只要存了五千萬日圓，就可以永遠過著懶散的生活。

「要怎麼做才能存到五千萬日圓？」我那時開始思考這個問題。這就是我設定人生目標的瞬間。**「我人生的目標朝著什麼方向？」**只要有了目標，儘管很茫然，也會知道應該朝什麼方向前進。

與其把目標設定得太過具體，還不如處在一種茫然的「要是這樣就好了」的狀態，你不妨想像一下。這麼一來，不知不覺間一個個的行動會朝那個方向連結起來。「為了邁向五千萬日圓，我要取得一個專利！」腦子的某個角落裡有這麼一個想法的話，每天過日子的方式會有所改變。

但到了現在，銀行的利息連〇．一％也不到。就算存了一億日圓，一年也只能拿到十萬日圓；存了十億日圓也只能拿到一百萬日圓而已。因此我大學時的想法已經行不通了。

不過我這種一邊過著不太花錢的生活，一邊尋找機會的想法，在根本上沒有什麼改變。

一般上班族的模範生活就像這樣：在退休前存到五千萬日圓，再加上退休金的五千萬日圓，總共存一億日圓，一年就可以得到十萬日圓的利息，再加上一些年金，但只限於一部分的人生勝利組才做得到。

還不如趁早改變想法，盡快設定自己的目標和想做的事，每天過得開心，人生還比較快活。

5 打工經驗教會我的事

我認為上班族的生活並不適合我，但我不是光憑想像就得到這個結論。雖然我給人一種沒在工作的印象，不過我學生時期也打過不少工。當時的目的是把我無限多的時間分裝零售，打工也做得滿開心的。

大致舉例的話，光想到的就有超商、超市熟食賣場和拉麵店店員；還有傳單派送員、手機公司的電話客服人員、補習班講師、清掃人員、披薩外送員、宅配員等，每份打工大概都持續一年。

首先讓我印象深刻的是手機公司的電話客服人員。這份打工我不必主動打電話推銷，只須接聽客人打過來的電話，所以還滿輕鬆愉快的。

從這份打工中，我學到了一件事——世界上有一些人，即使你想跟他溝通，對話卻無法成立。大概每幾個打來客訴的人當中，會有一個人突然大吼大叫，也有很多人完全無法理解我說的話。

或許越早經歷過這種會隨機接觸到不同人的工作，對你的人生越有幫助。因為你能很全面的學習到，面對怎麼樣的人可以如何應對。

例如，我打工時會遇到一些中國客人，或完全不會用數位產品，特地打電話來只為了問時間的阿伯。總之透過這份工作，我碰到各式各樣的人。

我工作得很開心，後來甚至被提拔，被換到專門處理手機故障的窗口。這下子我進入到完全沒有公司員工監視的環境裡，可以一邊打電動、看漫畫，一邊認真的應對：「是的，真的非常抱歉。」

在那裡，我出乎意料看到了，世界很輕鬆就可以應付過去的一面。

所謂的公司，乍看之下似乎很嚴謹，不過上班後會發現實際上，這個世界經常可以大概應付。體驗過這件事後，工作的難度就立刻下降許多，因此現在面對企業對手，我也經常能維持平常心。

如果沒有打過工，出社會後容易抱著很高的自尊心，想著：「我真的能做這麼無聊的工作嗎？」那麼人生會有很大的損失。**無論任何事都享受它，並用稍微**

輕視的角度看待，那是最好的。

傳單派送員也是乍看之下很無聊的打工，卻意外的很有趣。派送員被告知負責的地區後，該做的事就是不偷懶，好好的在信箱中投遞傳單。不過據說偷懶的人很多，所以會有監視的人默默監看。

當時為了投遞傳單，我會在不熟悉的地區裡走走逛逛，一棟棟的尋訪各個建築，就像打電動闖關一樣，所以我很徹底的執行這份工作。

這讓我到現在都還對負責派送的地區很熟悉。走進離大路比較遠的區域後，我會發現：「原來還有這種小路！」、「原來這些路有連在一起！」或好奇的想著：「這個房子的構造到底長什麼樣子？」我一邊思考這些事，一邊專心的投遞傳單。

在做這份打工時，我也經常會被稱讚。我明明沒有特別付出什麼努力，竟然也能獲得好評。不過我一旦感到膩了，也會找一間沒人住的空屋，把剩下的傳單全丟進去。

6 大部分的工作，有高中學歷就能做

很多人都在說，許多書也這麼寫：「**用玩遊戲的感覺工作。**」我實際上也是這麼做。

我想分享關於以前當披薩外送員的事：我那時外送的區域是自己原本住的赤羽，當時我以玩遊戲的心態打工，看最短能只花多久時間就送達。其他外送員平均是一個小時跑三家，但我平均一個小時可以送六家，因為我知道不會經過紅綠燈的路線或一些捷徑。

不過就算做兩倍的工作，薪水也不會變兩倍，所以我跑外送的一個小時裡，有三十分鐘會到朋友家玩電動。我從當時就貫徹著「**付出最少的努力，在最短的時間內達到成果**」的信念。

披薩店的打工之所以有趣，是因為只要穿著制服，不管進到哪裡都不會被懷疑。我以前送披薩到公家機關時，送完披薩後還趁機在建築物裡探險。因為穿著制服，就算到處閒逛，旁邊的人看到只會認為：「這個人大概是迷路了。」就像獲得了可以進入任何地方的遊戲裝備。

我曾藉此進到有自動鎖的大樓裡，或看看小型大樓最頂層房東住的地方。可以進入平常無法進入的地方，我覺得很有趣。我會完成被要求的工作，同時找出自己覺得有趣的地方，這就是我在工作時的祕訣。

我前面提到「這個世界很容易應付」。人只要扒開外皮，就會發現內在不如表面光鮮亮麗，還是趁早認清這個事實比較好。例如在披薩店打工時，我會擅自喝店裡的果汁、我朋友會使用外送機車的汽油。總之就是想著如何獲得比時薪更多的利益。

這讓我了解到，提供服務的人只不過是如此而已。我有一個曾在家庭餐廳打工的朋友提過：「我絕對不洗有裝過飯的碗。」他說，裝過飯的碗經常會黏著飯粒，除了很難洗乾淨之外，反正再盛了飯也看不出來；另外，掉到地上的青菜只要洗一下裝成沙拉出菜，也不會有人知道。沒打過工的人，大學畢業後直接進入企業工作的話，就看不到社會中的這些部分。

世界上有大半的工作，只要有高中生的程度就能完成。就算是白領的工作，很多都是高中生就能做到。請你面對自己的工作，好好的思考一下：「這是不是連高中生也做得到？」有時讀到大學畢業的人，看起來在做很了不起的工作，但只要給高中生一本工作指南，他們也做得到。

如果你的工作是坐在桌子前做簡單的雜務，那大概高中生也做得到。一旦經濟持續不景氣，最先被裁員的就是這類職務。面對這個情況有兩種應對方式——**焦慮的想著應該做一些難度更高的工作，或為了守護目前的位置而盡全力**。

唯有透過學生時期的打工經驗，才能真實的了解到某些人打工時如何偷懶，出社會後反而看不到。要是我現在這個年齡，突然到便利商店打工，相信高中生也不會認為我是他們的夥伴。

很多事情不知道也沒關係，但因為我有一股好奇心，想理解未知的事物，了解後會感到很開心，所以我打從心底覺得做了這些打工很值得。不過要是必須做一輩子的話，那就是地獄了。

7 找出讓自己最感壓力的事，然後不要做

到此為止，我聊了很多學生時期的故事，並說明如何決定人生的優先順序。不過話說回來，如果沒有把所有的事都經歷過一遍，很難找出什麼對人生來說是沒必要的。畢竟光用想像力判斷，有時出乎意料的困難。而痛苦的經驗究竟是必要的，還是不必要的？

就像我前面提過，對我來說過去打工的經驗並不是白費的。如果再對照「是否有可能修復？」這個問題判斷，學生時期的打工只有當學生時才能經歷，所以不可能修復。以這一點來看，打工並非白費。

除此之外，經歷過肉體勞動、精神勞動後，就可以了解，什麼事對自己來說最有壓力。對我而言，專注於某一件工作時，意外的沒那麼痛苦，反倒是打工時

沒事做，壓力還比較大。我相信也有人跟我不同。如果想知道一直安靜不動，自己會不會感到有壓力，你或許可以回想一下小時候，是否可以一直坐在書桌前，還是會馬上站起來跟旁邊的同學聊天。

我並不是想批判哪種人比較優秀，重點是選擇的工作要符合自己的個性，如果並非如此，你持續做令你覺得痛苦的工作，人生只會漸漸的陷入不幸。

「什麼東西會讓自己感到有壓力？」清楚知道這點的話，就能試著避開它。除了在現實生活中避開，在心理層面避開會更好。

例如在工作場合，遇到有人對你講了不友善的話。這時，究竟是反駁對方會讓你比較有壓力，還是不反駁比較有壓力？這種感覺因人而異。

當然遇到有人講了不友善的話，任誰都會覺得不愉快，但如果反駁會讓你比較有壓力，那還不如嘻皮笑臉的輕鬆帶過，並在心裡想著：「對我來說，回嘴的話壓力實在太大了。」這就是我所謂的在心理上避開壓力。其中的判斷基準是什麼，只有自己才能決定。

另外，說到跟壓力有關的話題，我覺得男女壽命長短的差異還滿有趣的。據說，日本男性與女性的平均年齡大約差了六歲。以全世界的數據來看，女性壽命較長這點是一致的，不過其他國家男女的差異大約在三歲左右。只有日本，男女之間的差異比較大。這其中的原因為何，就出現了各式各樣的假說。

經常聽到的說法是，如果妻子先過世，丈夫也會在三年之內跟著過世，所以導致日本男性的平均壽命和女性差異比其他國家大。

因為妻子過世後，丈夫必須在短時間內一口氣學會各種事，比方說家事，這對丈夫來說是很大的壓力。而且相比之下，男性比女性更快失去好奇心，所以也缺乏開始新事物的精力。儘管這只是一種假說，但不無道理。

看看和我同世代的人，就算四十幾歲，若是活得有目標的人，會看起來比較年輕；相反的，若是每天過著一樣生活的人，容易看起來比較沒精神。另外，在地方銀行上班而平常很少加班的人，外表也會看起來比較年輕。這麼看來，容不容易顯老果然跟壓力有關。

什麼樣的事讓人感到壓力，因人而異。如果你是一放棄新事物，外表會突然老很多的人，就要經常保持好奇心。

我建議人保持著接觸新知識與想法的習慣，我在第一章也說過了，不要因為價值觀和他人不同，就躲避許多事物。

人有時會遇到一些超出自己能力範圍的瞬間。比方說，冷到快要凍死時，在某一個瞬間突然放棄：「我不行了！」然後就這麼死去。但就算是在極限的狀態下，有人會很快的死亡，有人卻會掙扎的活著。

曾有一群人在墨西哥的洞穴中，長達一個月在什麼東西都沒吃的狀況下，生存了下來。當時除了水之外，什麼食物也沒有，所以他們身體裡的脂肪被完全分解後，肌肉也開始分解。據說進入這個狀態下，身體會產生劇烈的疼痛。這些人一直承受著這樣的疼痛，我相信他們一定經歷了好幾次想放棄的瞬間。

像我這樣懶惰的人，大概一週就會放棄生命。至於到底會不會放棄，究竟是先天決定的，還是能後天培養出來？我實在沒有答案。

雖然聊了一些漫無邊際的話，不過以上就是我想告訴大家關於優先順序的事。和我在學生時期一起創業的朋友，後來都進入一般企業上班，只有我一個人沒這麼做。對自己來說什麼才是最重要的？這只有自己才能決定。

第三章

人們需要什麼，那裡就是賺錢的機會

一九九九年，我以其他網路社群平臺為靈感，創立了 2channel。由於其具備匿名的特性，因此聚集了很多使用者，在全盛時期甚至高達一千萬名用戶。

過去的日本法律都不利於網路管理者，所以很多同業沒有持續營運，而我只是恰巧繼續堅持著。

當時社會上對於匿名究竟是好是壞，吵得沸沸揚揚。但與其說是道德倫理方面的問題，我卻一直在思考最本質的「需求」問題。接下來，我就要從這方面開始講起。

1 想做跟做得到，是兩回事

把興趣當工作，好像是現在的潮流。我們先不探討是否能當成工作，而是搞清楚自己到底喜歡什麼。

舉我的例子來說，我喜歡打電動和看電影，就算知道這些事很浪費時間，但我明白這是我的興趣，而且我把人生大部分的時間都花在這些事情上。對於喜歡的事物，我可以很明確的說出：「我就是喜歡這些東西，沒別的理由，總之就是喜歡！」

有時會遇到別人問我：「你為什麼喜歡？」這時即使隨便找個理由回答，大部分的人也都能認同。「看電影的那兩個小時，我彷彿置身在另一個世界裡，那種感覺很棒。」這樣回答就好了。

認為「我不知道我喜歡什麼」、「我喜歡的東西很羞恥，講不出口」的人，會比較吃虧。如果你有就算沒有人叫你做，你自然也會想做的事，不妨就抬頭挺胸、光明正大的告訴大家那是你喜歡做的事。

如同我在前面提到的，我從十多歲到二十多歲，一直沉浸在網路的世界裡。我也寫過程式，所以漸漸覺得自己能做出網站。如果一個人喜歡流行服飾，並且學會裁縫技巧的話，就能自己製作衣服。我就是跟這種想法差不多。

一開始創立 2channel 時，沒有錢委託工程師，所以我就模仿工程師，靠著自己的力量學寫程式。我那時很樂觀的想，程式這種東西畢竟是人寫的，只要模仿其他人的方法，誰都可以學會。

不過，我奉勸你**不要把喜歡的事當成工作，而是找自己能做到的事當工作**。

這是我的理由：為了不讓好主意只停在想法的階段就不了了之，重點是**思考現實中的可行程度**。例如我前面也提過，找一億人然後請每個人給一日圓，這並非實際上做得到的主意；如果是學生在一個四十人的班級中，從其他三十九人的便當裡，一人拿一道菜的話，就是可行的。我就曾用這種方法，做出超級豪華的便當。

當你想到一件想做的事，要試著想到可實行的程度，並思考做到那種程度需要的技能是什麼。像我擁有了寫程式的技能後，能創造出各種網路服務；如果是很會做菜的人，就能做出許多創意料理。

世上的事物分成兩種：想做卻不會做的事、不想做卻做得到的事。**與其從想做的事開始，我認為你可以從做得到的事開始行動**，再逐漸進步，也就是讓想做的事變成做得到的事。有些事可以當興趣，但你很難藉此獲得穩定的收入。

2 選擇工作的標準，體驗

當你在找工作時，或許會選擇對人們來說必須存在的行業。「水、電、瓦斯是人的生命線，所以相關行業不可或缺。」、「選擇銀行或保險業，生活應該比較有保障。」、「食品業界不會有消失的一天。」這些都是對社會而言不可缺少的行業。在選擇工作時，許多人都會想到這點。

不過有些人會選擇對自己來說必要的事物。「沒有音樂我就活不下去！」、「我總是在玩電動，所以很想進入遊戲業界。」我認為像後者那樣，以自己為選擇基準比較好。

不過，我前面也說過了，我不推薦把自己喜歡的事當成工作。因此，我覺得不應該把業界當成選擇工作的基準，而是找出「體驗」。例如：

・我想做音樂→我想創造出讓群眾成為一體的臨場感。
・我想做遊戲→我想創造出讓人不假思索就能沉溺於其中的架構。

像這樣，如果可以向下挖掘，找出體驗，那你就可以橫跨各種公司或業界。

在此我想聊一聊我的故事。從二〇〇六年左右起，由於發表文章的官司（按：因作者採放任管理，所以2channel上有許多關於誹謗、謠言、色情等言論），2channel經常上新聞。

當時因此引起騷動，許多人認為：「因為法律問題，大概很快就倒了。」不過因為使用的是美國的伺服器，就成了美國提供的服務，日本的法律反而無法規範。儘管如此，雖然看起來像是無法可管的地帶，但關於發表的文章，我都有配合警方調查。

然而，就算2channel真的倒了，只要有匿名發文的需求，類似的服務還是會出現。這就像住家附近就算有一間你經常去的店關門了，你一定還會去另一間類似的店消費；就算便利商店倒閉，你也不會從此不買東西，而是到遠一點的超市消費。

2channel 之所以會成功，原因就是人有「以匿名自由的發表文章」的欲望，而不是功能特別優秀的緣故。因此，**「失去了什麼體驗會讓人感到困擾？」**這就是你在選擇工作時可以思考的問題。

2channel 其實任誰都做得出來，而且也有很多類似的網路平臺，但因為我很了解它為何讓人覺得有趣，所以可以長久的做下去。成功的因素就只有這一點。

就算技術再怎麼進步，如果沒有想使用的人，那這項服務就不成立。例如有一個被稱為發明王的人，曾在電視上介紹自己發明了自動打蛋器，但沒有人會因為缺乏這個東西而困擾。

然而，失去匿名發文的空間，的確會有人感到困擾。如果你強烈的感受到，**人們一旦缺乏某種體驗就很困擾的話，你可以把它當成穩定的收入來源**，或者把自己的人生奉獻其中。你甚至不需要第三者的意見，其他人怎麼想根本不重要。

「希望看到客人開心的笑臉！」、「想為社會盡一份力。」這些東西都是事後附加上去的，或是找工作時面試的場面話。

3 與其花時間求質，你該先求量

二〇〇〇年代，2channel 越來越壯大，利益卻沒有隨著事業茁壯而增加。不僅如此，因為牽連到各式各樣的麻煩事，收益不成正比。為了擠出每個月兩百五十萬日圓的伺服器租金，我利用橫幅式廣告和出書賺錢。

創業成功的人，通常並非擁有卓越的能力，而是有一些周轉能力或事務處理能力。我認為如果營運出現問題，就要嚴肅以對，這時沒必要加入私人情緒。

二〇〇八年，2channel 的使用者達到約一千萬人，使用者的平均年齡在三十歲左右。所以此時廣告收益很驚人，一年超過一億日圓。不過我當時有預感，依賴廣告的媒體在今後會越走越嚴峻，因為新媒體會不斷增加，各家分食大餅，終究不得不走上薄利多銷的路。

我過去沒有讓公司上市，因為上市的公司沒辦法把獲得的收益放著不使用，通常要用來投資設備等。上市的話就沒辦法過得太悠哉，會捲入競爭的漩渦中。畢竟在我的腦子裡，還存在團地裡不工作的大人都悠哉度日的記憶。

另外，當 YouTube 被谷歌收購後，某種意義上成為什麼事都不用做的企業。該公司不必擔心會倒閉，也不必拚命和別人競爭。且每天都有無數使用者上傳影片，雖然須花費龐大的伺服器成本，但也有無法想像的龐大廣告收益。

YouTube 之所以能成長到這個規模，有一個理由，那就是有許多侵害了著作權的內容。當然如果有人檢舉，影片會被刪除，但被刪除前使用者還是看得到，如果沒有人檢舉，影片會一直存在在網站上。我猜你第一次看的 YouTube 影片，不管是電視節目、電影，還是音樂，很有可能是違反著作權法的影片。然而這個網站卻把這些影片，說得像是自己的商品一樣，現在甚至打著世界第一影片網站的名號。

蘋果創辦人賈伯斯在高中的時代，與朋友破解了電話公司的系統，打造了能免費撥打付費電話的裝置「藍盒子」（Blue Box）並大賺了一筆。他本人也承認，這很明顯就是違法的行為。這個名為藍盒子的裝置，有著優異的設計，光是持有就讓人覺得很時尚。

我觀察了這些網路業界的霸者後，得出一個結論：**當企業發展到非常大的地步時，他人會一起走向共存**。

例如，公司裡的員工，如果有一個人惹出騷動，很可能會被公司開除，但如果大家團結起來，組成像工會一樣的大組織，公司也只能和其共存。

以商業戰略而言，優先「增加數量」，也是一種正確的戰略。

舉例來說，多數的日本人都使用雅虎搜尋引擎的原因，只是因為習慣而已。買電腦後，一連上網路，最初的首頁會出現雅虎的畫面，所以日本人也就這樣持續使用，並非雅虎的機能有多優秀。

另外，軟銀的創辦人孫正義，過去曾致力投入寬頻事業，為了增加市占率，甚至請人在街頭發送數據機；在進入手機市場時，也先把「收不到訊號」這種機能性的問題放在一邊，採取超低月租費的戰略來擴大市占率。

2channel 的使用者之所以會增加，是因為自始至終沒有改變匿名的特性。為了保持這個特性，其實產生許多麻煩的問題。可是我先把這些麻煩的問題放在一邊，以增加使用者為優先。

日本有一種「機能優先」的毛病。

看看日本的電器產品，都朝著增加新功能的方向努力，但在這世界上很難靠此打贏。我認為應該先擴大市占率，擴大到別人打不倒的程度才行。做到這個程度後，再提升機能性。

以前曾有一種服務，讓使用者只要打電話回家，就可以打開冷氣，或讓浴缸自動放熱水等，一時蔚為話題。大家應該都覺得這個服務很方便，不過實際上沒什麼人簽約。因為儘管技術上辦得到，但這個機能如果沒有讓人覺得必要，那就等於不存在。

假設有一種技術，在人體中埋入晶片後，晶片能讀取身體必須的營養素，然後含有這些營養素的食物會自動寄送到家裡來；或晶片可以讀取人的興趣嗜好，並有設備準備人體需要的娛樂。

或許未來的技術能辦到這些事，但真的會有人想利用這些技術嗎？你不覺得這難以讓人付錢消費嗎？且拚命只追求機能性，一旦到像中國這種市場很大的地方，就難以在競爭中獲勝。

不過，企業也可以只專注於日本的市場，在這個狹小的範圍裡，把服務做到最精細的地步。我經營的某間公司，就針對谷歌無法立即應對的需求提供服務。這是思考到大企業無法顧及到極小的細部，而做出的商業戰略。

4 治安不好，大家卻怪賣菜刀的人？

二〇〇二年，在東京大學擔任研究助理的金子勇，開發了檔案分享軟體「Winny」。他當時使用的P2P技術（按：為無中心伺服器、依靠使用者群〔peers〕交換資訊的體系），成為區塊鏈（block chain，虛擬貨幣的基礎）的底層技術，也成為支撐今後社會的根基之一。

但因為一部分使用者透過軟體傳送不合法的檔案，違反著作權法，導致身為軟體開發者的金子勇被逮捕。不過之後，法院認為這個軟體並非為了助長違法行為而被創造，所以金子勇確定無罪。然而金子勇沒有再回到開發的工作，在二〇一三年因心肌梗塞過世。

假設有一樁殺傷事件，凶器是菜刀，沒有人會說：「菜刀不好！」、「要消滅菜刀！」但在二〇〇〇年代的網路世界，只要一出現新的技術，因當時社會無法理解，會出現一些人喊著：「是新技術的錯。」

如果是像菜刀那樣已經浸透到人們生活裡的工具，就不會被打倒，但若技術還處在開發中的狀態，就很容易被攻擊，而且或許會因此消滅新技術誕生的可能性。「菜刀沒有任何錯。」為了看清問題的本質，我們必須這麼思考。

另外，過去擔任企業活力門（livedoor）社長的堀江貴文，曾是備受期待的新星。活力門在堀江貴文被逮捕之前（按：因該公司涉嫌違反《證券交易法》，當時社長堀江貴文遭逮捕），是日本相當先進的公司，運作團隊擁有高超的技術，也能好好管理擁有龐大使用者的部落格服務。

當時的活力門，只要一看到既有趣且正在流行的網路服務，就一一收購。也有人爭相創造出有趣、新奇的網路服務，希望讓堀江貴文花數億日圓收購。有才能的人得以發揮才能，這樣的原動力以堀江貴文為中心，颳起了一陣旋風。然而在他被逮捕後，活力門股票下市，從此轉變為不再做這種挑戰的企業，真的非常可惜。

只要國家的權力介入，任何事物都有可能被擊敗。上述的例子被社會視為惡人，或許是因為他們找不到共存的道路。另一方面，我則是找到了和國家權力和平相處之道，當警察告知我需要什麼資料，我都會配合警察辦案。

在 2channel，無論誰要做什麼，都是自由的。在這背後，有著一種人類不會做壞事的性善論存在。儘管如此，但還是傳出「西村博之會被逮捕」的謠言。不過我並沒有做過任何觸犯刑法的事，也沒有像堀江貴文一樣和檢警為敵。

5 囚徒困境的啟示

有一個很有名的賽局理論叫做「囚徒困境」：

警方逮捕了兩名嫌犯，並分別對嫌犯說：「若你們都保持沉默，兩個人會同樣被判入監兩年；若一個人認罪的話，會被判刑一年，另一個保持沉默的人，則會被判刑十五年；如果兩個人都認罪的話，兩個人都會被判入監十年。」

警方分開兩個嫌疑犯，並分別向雙方提供上述的選擇，看兩個人會做出什麼樣的決定。兩個人究竟是會合作保持沉默，還是背叛對方（認罪）？

如果兩個人可以先討論再做決定，那保持沉默是最有利的，但並不是每個人都這麼想。說謊的人會說：「我會保持沉默。」自己卻先自首，企圖獨自獲得輕判一年的結果。

如果連續玩十次這個遊戲，會發現一個必勝法。那就是如果這次被對方背叛了，下一次自己就要背叛對方。世界上有很多聰明的數學家，試了各式各樣的方法，但這個以牙還牙的方法是最強的。

這種做法也可以運用在做生意上。個人或企業在締結契約時，也會出現和這個賽局理論相同的狀況。

你以前可能也遇過這種情形：在跑馬拉松時，朋友儘管一開始說：「我們一起跑。」結果半路上卻快跑拉遠距離；在考試前，朋友說：「我完全沒念書。」沒想到對方其實私下拚命的複習，完全背叛你。

了解狀況後，如果每次都為了不被對方背叛，而和對方溝通，會花許多時間作為溝通成本。所以最好的做法是，只要對方不先做什麼行動，自己也不要先背叛對方。唯有在對方做出背叛的事時，自己再反擊。

我建議看待任何事都抱持著性善論，如果被背叛了，再以牙還牙。這才是待人處世的正確順序。

6 我的創業目的：這件事很有趣

我經手的網路平臺中獲得重大成功的，還有 niconico 動畫。

二〇〇五年，電腦的規格開始提升，所以使用者越來越容易接觸到容量較大的影片，首先開始變得熱門的影片分享網站就是 YouTube。但因為 YouTube 是國外的網站，過去在日本並沒有這麼受歡迎。

我想做出讓 2channel 使用者能接受的影片網站，因此做出了 niconico 動畫。我那時認識了當時是多玩國社長的川上量生，和他討論是不是可以做點有趣的東西，於是我開始擔任企業 Niwango（按：原為多玩國旗下子公司，現已合併經營）的董事，並且出席會議，在會議上提出一些點子。

我的強項是不把賺錢當作目的，而是：「如果這樣做，大概會很有趣。」所以我有自信不會輸給以賺錢為目的的人。

在 niconico 動畫上，使用者可以於影片中寫下評論（稱為「彈幕」），使用者會用這項功能和其他人對話，就像幾個好朋友一起看電視時，你一言我一語的感覺。在創造環境時，注意到「任何人都有話想說」是很重要的，因為不光只是聽專家單方面的發表意見，一般人也會有話想說；在這之後，「niconico 直播」誕生了，直播者可以即時看到觀眾的留言，並和觀眾互動。

最初 niconico 動畫的運作方式是在 YouTube 的影片中貼上字幕，藉此搭順風車，但因為被 YouTube 阻擋連線，所以這個方式無法持續。我後來還寫信問 YouTube：「要不要一起合作？」不過卻沒收到回信。

後來獲得多玩國的支援，才又得以再繼續。不過之後因伺服器難以負荷大量的流量，導致影片畫面停止，最終只能採用註冊會員制度，這也是不得已之計。

我創設 2channel 的那個年代，日本的網路相關法令都還尚未完備。當時日本全國各地都掀起了各式各樣的相關訴訟，而且毫無道理的都敗訴了。出現惡質的留言時，明明是寫留言的人犯錯，我卻被認定是「惡意置之不理」。現在日本的法律已經改變了，但當時網站的管理者就是受到這種不講理的待遇。

當法院做出第一件訴訟的判決時，我心想：「要是打輸官司，大概會有很嚴重的事發生。」然而什麼事也沒發生。裁定敗訴十件、二十件、三十件……就算累積到一百件，我的生活還是照舊，什麼也沒改變。

當然如果持有房子、土地或車子之類的資產，會被法院扣押，不過反正我從以前就對那些東西沒什麼興趣。如果放開了守護著的東西，人就能自由。遊民、江戶時代的賣藝人等，不受到權力支配，我或許也成了像他們一樣的人。

第四章

找定位比努力更重要

網路業界通常分成兩種人，一種是創作內容的人，一種是製作出來的人。

雖然在一個企業組織裡，我大都被任命為董事，不過我在被介紹時，頭銜經常是「管理者」，這種稱呼確實也比較符合我。比方說一棟大廈的管理者，就算這個人不出面，大廈還是能運作。只有在出現大問題時，管理者才須出面。這個狀態對我來說是最好的。不但很輕鬆，而且我也覺得很有趣，所以我通常都會選擇這樣的角色。

在一些座談會上，我也會選擇擔任發問的那一方。我會把傳達有趣內容的任務交給對方，自己則擔任引導的角色。

接下來我想談談關於處於什麼樣的立場，才容易獲得成功。

1 當平臺誕生，獲利模式自然出現

無論任何事，先了解「場所」是很重要的。比方說日本人與伊斯蘭教信徒，思考方式就有根本性的差異。當你思考這兩者的原點為何，各自宗教觀形成的過程就是一個很好的切入點。

伊斯蘭國家很多都位在沙漠，綠地很少。在這樣的環境下，如果你還悠哉的什麼也不思考，根本活不下去。因此就產生了戒律嚴明的伊斯蘭教。若不一一謹記先祖留下來的教訓，自然就無法生存。

另一方面，日本卻不一樣。日本擁有豐饒的自然環境，不管夏天還是冬天，氣候都不會太過嚴峻。也因此，產生了「八百萬神」的多神教宗教觀。就算沒有遵守自古以來的教訓，周圍也有許多能填飽肚子的植物與動物，且環境氣候也相當穩定宜居。

觀察企業的狀況亦是如此。競爭激烈的業界會有嚴格的業務規範，競爭不激烈的業界，規矩也比較鬆散。

你與其思考某人的個性是嚴厲或溫和，還不如**問他身處在什麼樣的環境下，才能更快了解對方**。在這層意義之下，我經常注意他人身處在什麼地方。

過去電視臺獨占「製作影音，並播放至家家戶戶」這樣的特權，如今任何人都可以用智慧型手機拍影片、編輯，並上傳到影片分享網站。

經常會有類似「在 YouTube 上做出有趣的廣告的話，就能獲得二十萬獎金」的比賽，一般人也能參與競爭。因此**只要有人提供表現的平臺（即是本章所指的「場所」），人們就會開始行動**。

只要有運動場和球，人們會主動決定球門在哪，並開始玩足球。在影音的世界裡，外行人獲得工具後，會彼此切磋琢磨以求精進，漸漸的，外行人和電視臺裡的專家差距越來越小，就成了現在那些有名的 YouTuber。

而且，有了不能侵害著作權法的規範，自然而然就會出現創意發想：「來做一些讓人看得出是在向誰致敬的音樂好了！」、「那我來模仿名人好了！」在自由的廣場上寫下「禁止玩球」的標示，自然會有人在地上畫線，並在裡面玩相撲，或玩球類以外的飛盤等遊戲，或出現其他的點子。

是因為有「場所」存在，所以人會展開行動，而這也成為我的商機。

超市必須先進貨，把商品擺到架上，當客人購買商品後，商店才能獲利，因此商店必須先進貨才賺得到錢；網站卻不一樣，網站就算不放上影片，使用者也會主動上傳影音內容。只要聚集了人流，廣告這個商業模式就能成立，而網站的管理者幾乎什麼都不用做，就能藉此賺錢。

說實話，我身為 niconico 動畫的管理者也沒有什麼了不起，是因為用戶上傳的影音內容很優秀罷了。

你常看的網站是什麼？無論是食譜搜尋網站、拍賣網站還是美食店家搜尋網站，其實本質都是不變的。並不是這些網站本身有價值，而是免費聚集的那些內容有價值，人們只是自顧自的覺得這些網站很厲害而已。

另外，使用者的評論究竟有沒有價值，引發了很多不同的爭論。經常有人做這樣的比較：「比起 2channel 的評論，新聞記者寫的報導更有價值。」不過既然 2channel 是公開的平臺，那麼新聞記者也很有可能在此寫評論。

2 站在比自己高一階的立場思考

我以前必須做出想做的網路平臺時，我會集中精神一邊調查，一邊寫程式。我覺得自己很享受這種非做不可的過程。但我現在的工作不是寫程式，主要是企劃或創作架構，自己不必動手，只要動嘴和工程師說聲：「之後請加油！」

為什麼我會成為站在這種立場的人？在寫程式的世界裡，須具備一定的專業度，並非一般人說只要努力就能達到。所以我後來就站在企劃的角度俯瞰整體，提出「這樣做的話效率會比較好」等的提案。

這個世界上只想做企劃的人，幾乎不了解基層的工作。比方說公司裡想到什麼就說什麼的老闆。不過，因為我也寫過程式，所以在某種程度上可以理解工程師的難處，因此我不會向基層員工提出太不著邊際的建議。

「應該需要十臺伺服器和十個工程師，可是有沒有可能找到一個妥協點，哪個東西可以減半？」、「一些類似的部分，只要做得不讓使用者發現的話，不是可以減少三〇％的伺服器嗎？」就像這樣，我會做一些提案讓實際工作的人比較輕鬆，或提出一些設計讓程式漏洞不那麼容易發生。

在基層工作的人再怎麼抱怨，也很難說服高層改變決策，還有可能被當成麻煩人物而被開除。所以，像我這樣能理解決策者與執行者的立場，對企業來說很重要。

如果你在最基層工作，並且抱怨連連的話，我希望你能試著想一想，如果你站在經營者的立場，又會怎麼思考。又或者，如果你是站在如店長一樣的立場，那請想一想關於現場的工作，是不是有哪些還不知道的部分。

尤其在工程師的世界裡，對非工程師的人表達自己的工作，是非常困難的。例如乍看之下，減少伺服器的臺數看似好像不太有利，然而藉由程式精簡化，可以降低維修的成本，或初期費用雖然高一點，但後續增修時就比較輕鬆。

一般來說，如果進入一間企業，通常會先接觸到基層的工作。慢慢的，優秀的人才會升遷，逐漸必須用經營者的邏輯思考。這時，如果是中間管理職這種站在連接上與下的立場，就必須付出溝通的成本。在這個階段，有很多人做不好。他們會認為「我不適合做主管」就把工作辭了，或說「我實在搞不懂基層的工作」，而成為一個沒用的主管。

然而，一個人在社會上是否能成功，我認為就要看在這個階段是否能做好。所以，接下來我就要來談談「溝通成本」的問題。

3 敢說出不能說的話，你才會賺到錢

所謂的溝通成本，如果用一句話說明，我認為就是「敢說出不能說的話」。

比方說，有一個朋友問你：「我的公司到底會不會賺錢？」如果你覺得大概不會賺錢，那麼你會老實的告訴對方嗎？當然每個人都有不同的個性，所以表達方式也會有所不同。有的人會婉轉的告知，有的人會直接明說。

順帶一提，我會直接告訴對方：「應該會失敗。」因為我認為老實說，才是真正的為對方好。如果明明不可能會賺錢，卻說：「沒問題的，將來一定會越來越上軌道。」我認為這麼做反而很殘酷。

這個世界上，大家都不願意說真話，眾人都被一種「不能說」的氛圍支配。在這當中，如果有人願意一針見血的說出真心話，就能獲得重要地位。當然，我不是要你說出個人的喜好，而是提出證據，並且和對方思考改善的策略，而不是不負責任的說：「一定會順利、一定會賺大錢。」

我之所以勇於對人說出真話，是因為我深信，最終只要道歉，就一定能修復彼此的關係。如果日後對方公司發展一切順利，只須誠心說句「那個時候我搞錯了，真是抱歉」並修復關係；要是對方因此說了一些刺耳難聽的話，頂多就不要再和他來往就行了。

事後知道是自己搞錯了，就大方承認並道歉。只要能承擔這樣的風險，無論什麼時候都能說出自己的真心話，我認為再也沒有比這更單純的溝通技巧。

我之所以會被邀請出席各種演講活動或上電視節目，是因為我的強項是說真話。光是敢說真話、說出不能說的話，就能獲得一個被重視的地位。

除此之外，也有以下的狀況。

有一次我接受了某家報社的採訪。在接受採訪時，我心裡一直覺得怪怪的，從記者的言語中，都能感受到他表達出「我可是很了不起的」的氣氛。他的話語和態度裡，都吐露出「我是知名報社這種正牌媒體認可的人物」的感覺。

像這種人，因為他無法從外部客觀的看自己，一旦失去公司的頭銜，就會沒工作可接。另一方面，一個人在對話時，如果不強調企業帶來的光環，就表示他是能付出溝通成本的人，是今後的時代需要的人才。

當然，如果意識到自己沒有能力，那在大企業的保護傘下生存比較聰明，我也並不否定這樣的生存方式。不過，就須先想好失業或被裁員後的去路。

4 逆向思考，別只用一種方式解決問題

「美國人會表達自我，日本人則是會隨波逐流。」我們常聽到這樣的論點，而實際上去留學或到海外旅遊，我也經常感覺到的確就是這樣。那麼究竟為什麼會有這種狀況？或許其中的理由就在人與人之間的距離。

在日本，人們移動會仰賴電車或公車等大眾運輸系統，而且餐飲店裡的空間很狹小，集合住宅也很多，因此人與人在現實生活中的距離接近，說話時不得不考慮對方。

在這時與其改變思考方式，我認為還不如改變環境。或許刻意過著不與他人接觸的生活，會有不錯的效果。比方說不搭電車而改騎腳踏車或走路等，或離開家人或職場，增加一個人獨處的時間。如果不刻意製造這樣的機會，就很難產生

自己的想法或意見。

另外，工作時容易碰到開會的場合，顧名思義就是與人見面並交談。此時最重要的，就是提出意見。日本人擅長察言觀色，但也因此不善於出主意、說出自己的意見。然而我會特別積極的出點子，就算出錯了也不要緊，總之我會注意，一定要盡量發言。

積極發表意見的好處，就是通常進入實際作業時，工作不會落到自己身上。因為不發言的人，在分配工作時會不自覺的舉手。因此要記得，不管什麼時候，主動發言的人是最強的。

請不要老是聽別人的意見，並舉手做一些大家都做得到的事。會在這種時候表現的人，通常都想用九九%的努力解決問題。

如果是二十多歲的年輕人，那以戰略來說是正確的。畢竟這個年紀要多累積基層的工作經驗，盡量增加自己會做的事。不過，如果永遠**只做一個用努力解決問題的人，那麼隨著年紀的增長，處境會越來越艱難**。縱使工作做得好的人，會接到各種工作的委託，工作量也會增加，在未來卻可能被其他新人代替。

能不能成為有發言權的人，有一個重點——**是否能逆向思考**。假設一個人在找工作時，想藉由證照展現自己的強項，這時他會認為：「我應該先考會計或英檢證照。」在接受出版社的面試時，大概會講：「我很喜歡紙張的觸感。」這樣的回答；但逆向思考的人不一樣。「我雖然是男性，但我持有祕書檢定證書。」、「我認為紙本的時代已經結束了。」能說出這種話的人，就是逆向思考型的人。

這個世界上，大家都在說著一樣的話，如果你在這其中，提出一些角度不同的言論，就會非常顯眼。你沒有必要總是表現出和他人不同，只要在腦子裡養成逆向思考的習慣就好。

請試著在說出自己的意見之前，先問自己：「反過來這樣想的話如何？」累積了這樣的經驗，你必定能確立專屬於自己的位置。

5 先培養次級技能，再開發主要技能

我之所以會擔任工程師與經營者的之間的溝通者，說到底是因為多數經營者不懂程式。

不過，就算經營者是從基層爬上來的前工程師，也有可能發生意見不符合當下趨勢，或和基層的對話仍無法成立的狀況。這時就需要有人從中協助溝通。但如果這個人只會單純的傳達雙方的意思，當問題被解決後，他就會失去用處，所以這個角色最好也會思考，如何讓整體最佳化。

要和我站在同一個位置上，應該很困難。就像即使閱讀了關於成功企業家的商業書籍，使用書中提到的商業模式，也難以成功，不過，我們還是可以學習其中的態度。

在日本工程師的業界裡，能寫程式同時擁有決策權的人並不多。在美國，像比爾．蓋茲本身就是一位優秀的工程師。日本的話，社交網路服務公司 GREE 的創辦人田中良和、創立多玩國的川上量生會寫程式。

因此，我認為人必須先擁有次級技能。對我來說，寫程式就是次級技能。如果把寫程式當成主要技能，那麼我最終會成為系統工程師，而不是管理者。我認為我的主要技能還是解決問題，我會依據發生的狀況，思考該如何解決眼前的問題。換句話說，就是負責解決各種糾紛。

同時擁有主要技能（宏觀的經營視角）與次級技能（微觀的基層技術），就成為我的優勢。

次級技能最好是選擇就算不懂外文，也可以做到的能力。例如，我不會說德語，但如果我進入德國的公司擔任工程師，在某種程度上還是能做好工作，因為工作時接觸的是程式語言。

如果有了次級技能，就能擴展自己的可能性。先持有次級技能，再開始思考自己的主要技能，會更有效率。如果一個人連基層的工作都不會，就算說得出厲害的點子或有道理的話，也不會有人願意幫他做事。

6 當我的產業衰退，該堅持還是換跑道？

如果只考慮日本的市場，那麼有多優秀並不重要，說得更極端一點，只要成為流行就好。因為在日本，人們選擇商品時，會比較重視形象。

不過，和其他國家的人聊天時，幾乎不會聊到：「最近在流行什麼？」如果你問美國人：「美國最近在流行什麼？」是非常沒有品味的問題。因為美國有各式各樣的人。既有墨裔美國人，也有基督徒、伊斯蘭教信徒，除此之外也有很多中國人。

順帶一提，在美國最受歡迎的音樂類型是鄉村音樂，然而日本人幾乎不聽，所以對日本人來說，這種類型的音樂根本不存在。日本人以為大家都在聽流行音樂，其實聽流行音樂的反而是小眾。

在美國，由於人們的生活、居住環境與想法各有不同，所以廣告難以一口氣擊中全部人民的心。在美國的電視上，大概只有職業美式足球聯盟（NFL）年度冠軍賽超級盃這種程度的比賽，會打廣告昭告天下：「大家要收看喔！」

另一方面，日本則完全不同。日本會邀請知名藝人拍攝廣告，並在電視甚至網路上拚命宣傳。想在日本做生意的話，只須找到多數日本人都能接受的內容，並把訊息傳達給大眾。花錢打廣告就能將訊息告知給所有人。

根據我的觀察，日本約有六千萬人都在追求網路上的流行。另一方面，美國有三億人口，但被劃分成各種群體。

企業想在美國成功發展，就得製作一個非常優秀的系統，並讓其便利性逐漸滲透到大眾的生活。只要很方便，就連英國人也會開始使用，甚至有可能擴散到其他使用英語的國家。英語圈的市場，在世界上有二十億人口的規模。例如，谷歌就算沒有花錢打廣告，世界上各個角落的人也開始使用，並逐漸廣為人知。

只要瞄準這一點，與其在一個國家打廣告宣傳，還不如製造出好東西讓大家口耳相傳更有效率。不過在日本的話，比起好的系統，讓大眾都知道更重要。因此，工程師在日本不被重視，反倒是廣告公司的權力比較大，優秀的工程師一一外流到國外。

接下來我想談論關於轉換跑道這件事。最近在輕小說業界，有很多原本寫成人遊戲劇本的作家。也就是說，在成人遊戲興盛時，他們在寫成人遊戲的劇本，當成人遊戲逐漸沒落後，他們就轉往輕小說的領域並獲得成功。

之後就算這個業界沒落，優秀的人才會很快的轉往其他業界，並用自己的能力開花綻放。動畫《魔法少女小圓》編劇虛淵玄過去是成人遊戲的編劇，動畫電影導演新海誠也製作過成人遊戲的開場動畫。

如何知道自己該不該改變工作業界？有一個幫助判斷的重點，那就是「是否出現兩極化」。如果兩極化非常嚴重，就表示這個業界正在衰退——當高階主管都沒有變動，就表示出現很多有能力，卻無法往上晉升的新人。新人漸漸的就不會再進來，並轉往其他業界，爭取往上爬的機會。

如果你有自信成為頂尖，那就算在衰退的夕陽產業裡，還是有辦法生存。就算原本待的產業消失了，你還擁有優秀的技能，可以轉換跑道。

7 企業喜歡有趣的人，不只是優秀

當企業在面試應徵者時，是遵循什麼樣的基準？你可能認為是「擁有優秀的能力」。很多人只考慮到這一點，這就是為什麼大家拚了命考各種證照，而且英文教材永遠不會消失的緣故。

我認為**企業挑人時，基準並不是這個人有多優秀，而是「有不有趣」**。若是個有趣的人，那麼一起工作就會很開心。至於工作能力強不強，要等實際進公司上班之後才會知道。就算在前公司表現得很優秀，也有可能跟新公司不合。

到底怎麼樣的人算有趣？舉例來說，如果問他一個問題，**他不會給予理所當然的答案，反倒說出出乎意料的話**。另外，我曾因為應徵者的名字很有趣就錄取他，他的名字叫做「鬼丸」。當然，想讓他人對自己印象深刻，我們不必像搞笑藝人那麼好笑，只要有點怪的程度就夠了。

在過去的年代，人們會聚集在一起，在工廠製造商品等，做著相同的工作。而現代反倒是創意產業的獲利比較高。不過就算想出什麼好主意，還是很容易出現跟其他人一樣的構想。

另外，因為大家都會應徵受歡迎的工作，所以如果你沒有與眾不同之處，就很難在眾人當中脫穎而出。像是遇到：「你的興趣是什麼？」的問題，你若只能很普通的回答「釣魚」、「打棒球」之類的答案，那對方也只能回答：「是喔。」就結束對話了。

有趣的人會覺得自己很普通，只有在被別人發掘出來時，才會變得顯眼。你可以試著思考：**「我有和其他人稍微不一樣的地方嗎？」**其實不必想得太難，只要找到「好像有什麼地方不太一樣」就好。

日本有一個經營電梯部落格的人，據說他會到世界各地尋找「會轉彎的電梯」，並親自視察、拍下照片。也有人會這麼想：「（雖然很多人覺得很醜，）但我很喜歡欣賞臺灣巷弄中陽臺鐵窗的景色。」、「我想攻略路邊的成人商品自動販賣機。」他們在做這些事時覺得很有趣，並自己找出其中的意義。做這些事不須和他人比較，也不需要其他人的讚美。

如果你對事物不會如此熱衷，那我給你另一個建議：**生活中，會出現只有一個人能擔任的職務**，比方說班級的班長、公司聚餐的總召等。當你爭取到這類特殊的位置時，有可能獲得優勢，所以我建議**你不必想太多，先舉手爭取就對了**。

我從小就開始這麼做。在小學四年級時，我之所以加入學校的學生會，是因為我什麼也沒有多想，就把手舉起來；在選班長時，我也舉手爭取。

此外，在美國搭飛機時，偶爾會遇到因為機位超賣，航空公司提供賠償給付的狀況。這是刻意操作的，因為航空公司大都能掌握取消率是多少，所以會超賣機位，只為了盡量填滿座位。與其讓位置空著，還不如多賣點機票，出現機位超賣的情形時，再付點錢解決就好了，以整體來說還是賺到的。

我覺得這是一種很好的做法。在機場遇到這種狀況時，我大都會主動放棄機位，這麼一來，航空公司隔天給的機票很有可能會升級成商務艙，且我還能獲得一些優惠券，讓我一整天悠閒的在飯店裡度過。

當然還有很多例子。比方說，我會住進因都市更新而即將被拆掉的房子，過了幾年後會收到補償金。當時的房租是一個月三萬日圓，最後因為被強制遷離，所以我獲得了二十萬日圓。

除此之外，在和其他公司的人一起進行企劃時，我似乎經常被認為：「要是把實際的工作派給西村先生的話，他大概不會在期限內交出來。」因此很少被指派實際的工作。不知道為什麼，我的人生總是很吃香。

第五章

最後得利者，不一定是最努力的人

「我只是碰巧遇上好機會。」如果你聽到有人說這是自己成功的祕訣，你會覺得命運很殘酷嗎？但就算是打工也如此沒道理。例如相較於認真工作五小時的人，打混摸魚十小時的人卻能獲得兩倍的時薪。就算努力工作的人獲得了時薪一百日圓的加薪，薪水也還是追不上工作時數長的人。

努力很難獲得回報。但就算如此，你也不能放棄人生，什麼都不做、天天待在家裡。因為在人生當中，會出現「一定得付出一%的努力」的時刻，這時應該動腦思考自己該怎麼做。

1 搶椅子遊戲的啟示

最有效率的生產，就是用最低限度的努力，獲得最大的成果。在付出的過程中，就算再怎麼努力，最重要的還是結果。

說明這一點時，我通常都會提到一個故事：

假設有一個搶椅子的遊戲，遊戲中許多隊伍互搶椅子，搶到最多椅子的隊伍會成為第一名，並從第一名的隊伍中，選一個人當隊長。假如出現以下的結果：

蘋果隊獲得第一名，所以蘋果隊裡可以選出一名隊長（見下頁表格1）。

這時除了蘋果隊和香菇隊之外的隊伍說：「我們加在一起就變成蔬菜隊。」並組成了蔬菜隊（見下頁表格2）。

這麼一來，蔬菜隊搶到的座位數變得比蘋果隊多，這下子，蔬菜隊就成為了

表格1　搶椅子遊戲的結果

名次	隊伍	搶到座位數
第一名	蘋果隊	223 個
第二名	南瓜隊	70 個
第三名	洋蔥隊	55 個
第四名	茄子隊	51 個
第五名	西瓜隊	35 個
第六名	白菜隊	15 個
第六名	蘿蔔隊	15 個
第六名	香菇隊	15 個

表格2　六個隊伍合作組成蔬菜隊的結果

名次	隊伍	搶到座位數
第一名	蔬菜隊	241 個
第二名	蘋果隊	223 個
第三名	香菇隊	15 個

蔬菜隊的座位數為：

$70 + 55 + 51 + 35 + 15 + 15 = 241$

第一名。

接著，蔬菜隊要選出隊長時，一開始決定從搶到最多椅子的南瓜隊中選人。

但西瓜隊這時說：「西瓜也可以被看成是水果，所以我們也可以跟蘋果隊合併成一隊。」因此如果西瓜隊和蘋果隊組成水果隊，那麼蔬菜隊就變成第二名（見下方表格3）。

所以西瓜隊說：「看哪一隊要讓我們的隊員當隊長，我們就跟哪一隊合併。」於是蔬菜隊只好答應，從西瓜隊當中選出隊長，變成從原本是第五名的隊伍中挑選隊長。

或許你會覺得，這個故事很莫名其妙。但日本在一九九三年，新黨代表細川護熙就任內閣總理大臣，就是在這樣的狀況下誕生的。這個搶椅子的故事，就是只付出一％的努力，就獲得成果的最佳例子。「要怎麼做

表格3　西瓜隊和蘋果隊組成水果隊的結果

名次	隊伍	搶到座位數
第一名	水果隊	258 個
第二名	蔬菜隊	206 個
第三名	香菇隊	15 個

才能獲得最後的勝利？」我建議你把目標放在這一點上，並隨時思考自己該如何行動。

以我來說，我不是優秀的工程師，只會懶洋洋的做自己喜歡的事，只是剛好我做的事經常能賺到錢而已。所以以結果來說，我被大眾認為是成功人士。**這個社會會根據有沒有賺錢能力，改變對一個人的評價**。有人在社會上被稱為天才，有的人被稱為怪人，其中判定的標準是他們提出的成果是否能被社會接受。

你有聽過「法式滾球」嗎？這是一種滾球運動，球員會在沙地上向目標圓圈中央投擲鐵球，主要流行於法國。

就算你非常擅長打法式滾球，只要一直待在日本，就難以靠這個技能賺錢，因為法式滾球在日本並不流行。即使你的能力非常優秀，還是會因為社會是否認可這項能力，讓你從天才變成怪人。

假設你很擅長打棒球，那麼你在日本有可能藉由這個技能賺錢，因為日本很流行棒球。另外，日本的國、高中男學生喜歡的運動通常有棒球、足球和籃球，但在日本很難靠成為籃球選手養活自己。以這個意義來說，如果能發揮相同的體能，趁早轉往棒球或足球發展的話，仰賴運動技能賺錢的可能性就比較高。

所以假如自己的專長符合社會的要求，就比較容易在社會上成功，也適合當一個優秀的上班族。

另一方面，如果你無論如何就是想在日本打法式滾球，要是日本突然重視這項運動，你還是有可能獲得機會。不過有很大的可能性是就這麼不見天日，最後結束了一生。

當你想將某項專長當成正職，並藉此賺取穩定收入時，應該考量以上提到的重點。如果只是想把法式滾球當成興趣，那就無須思考這麼多。工作和興趣還是分開來思考比較好。

2 不要強迫自己或他人努力

孫正義曾在推特上寫過這句話：「只要拚死去做，就沒有做不到的事。」這讓我不禁深思，像孫正義這樣站在頂層的人，對下面的人說：「要努力！」我認為對社會來說不一定是好事。

日本過去和美國打仗時，無論再怎麼想，日本都不可能戰勝美國——日本的石油、炸彈或糧食等資源的數量與美國差距極大，士兵人數也不同。然而日本想依靠士兵的努力打贏戰爭，最後許多人失去生命。做決策的人必須優先判斷，是否能以正確的戰略，進行正確的作戰，不然底下的人再怎麼努力，贏不了的最終還是贏不了。

現在大企業東芝面臨破產等問題。這並不是因為東芝的員工不夠努力而造成的，和其他的企業相比，員工的努力程度與能力沒有多大的差別。以東芝的狀況來看，是因為經營者做錯決策，投資核能發電失敗導致的結果。

組織的高層由於不了解基層的狀況，會說「大家的努力還不夠」這種話，企圖把責任推給員工。但許多企業遇到危機，是由於高層做出錯誤的決策造成的。

也可以反過來看，如果經營者能做出良好的戰略，那麼基層只要按照指示行動，企業就可以順利發展。

例如企業 AppBank 曾爆發高層盜領三千萬日圓的醜聞，當時鬧得沸沸揚揚，但執行長村井智建仍將公司經營得很成功。就算員工當中有老鼠屎，只要經營者做出正確的判斷，還是有救的。

所以，員工最好還是試著了解一下，經營者究竟有什麼樣的想法？對企業有什麼樣的遠景？畢竟自己再怎麼努力，還是有可能因為上層的判斷，讓努力化為烏有。

不過，如果經營者太優秀，導致偷懶的員工很多，那你也應該注意，是否由於環境太好，使自己獲得超出原本實力以上的成果。這時不能會錯意，而是要在心裡想著：「這都是託了環境的福。」

另外，棒球選手鈴木一朗說過：「**當你認為自己的努力是一種努力時，就贏不過因為興趣而做的人。**」我認為他說的完全沒錯。

比方說我喜歡玩遊戲、看電影、看漫畫，花很多時間在這些娛樂上。要是有人強迫我每天花兩個小時看電影，我認為我做得到。但如果強迫我每天花兩個小時織毛線，我大概不到一週就會發瘋。

當人們被強迫做不喜歡的事時，大都會覺得自己是在努力。但我因為喜歡看電影，所以不覺得那是在努力，而且做得很開心。

再舉組織的例子。如果有一間公司沒有員工的努力就無法運作，另一間公司就算員工都懶洋洋的工作也能順利營運，我認為後者的發展會比較穩定。

因為就算員工某次能靠熬夜完成專案，若強迫他每週都這麼做，身體也會吃不消。所謂的工作，就是每個月完成工作後得到薪水，並持續幾十年。人從二十多歲一直工作到六十多歲，所以工作不能讓員工感到勉強且可以長久持續。若員工為了工作，總是得付出極大的努力、經常熬夜的話，那麼總有一天會病倒。就算是年輕人，也可能會得憂鬱症。

要是本人做得很開心，那還說得過去。電視臺或廣告公司當中，就有很多人非常喜歡自己的工作，可以連續工作十幾個鐘頭。

不過，我認為經營者不應該對員工說：「我也是這樣努力過來的，因此你也非做不可。」人不應該強迫他人努力。不強迫自己或他人努力，這個世界就會變得更幸福。

3 無人競爭的市場，不用努力也能成功

書裡不斷提到的「一%的努力」這個詞，是來自於編輯的提案。我從以前到現在沒有付出什麼努力，也不是天才，卻沒淪落到倒在路旁、無家可歸的地步。我想這是因為，我很喜歡投入各式各樣的事物，也很擅長找出自己可能會成功的選項。

接下來我就要來聊聊關於一%的努力的本質。

在對的時機投資虛擬貨幣的人，說得直接一點，就是他們沒付出任何努力，只是投資的東西剛好可以賣個好價錢，而因此獲利。

在達成某些目標時，很多人會思考自己是怎麼努力做到這個地步。但這就像偶然出生為日本人，比出生在索馬利亞活得更輕鬆，其實靠努力做出成果的部分

非常少。

如果這是一個努力就有回報的社會，只要靠努力就能改變所有的事，那麼社會上一定會出現更多優秀的人才，日本也會變得比現在更好。然而卻並非如此。

既然如此，為什麼這個社會如此提倡努力的重要？因為世界上仍有少數人，能靠努力面對所有的競爭，例如在入學考試中獲得好成績後進入名校、取得律師或會計師證照、在大企業就職。

我並不是這種人，因此再怎麼努力也贏不了他們。就算我告訴自己要加油，但只要遇到稍微努力就能成功的人，那我一下子就會被對方超越。所以我會選擇待在無人競爭的地方，這時就算不努力也能成功。

我目前正在經營名為「4chan」的英語圈網路論壇（按：創始人為克里斯多夫．普爾〔Christopher Poole〕，他在二〇一五年把 4chan 賣給作者）。該平臺和 2channel 一樣，使用者不需要註冊帳號，可以匿名留言。

很多網路平臺都像臉書一樣，使用者須申請自己的帳號，這個方法確實能慢慢增加使用者數量。另一方面，匿名留言的平臺容易引發問題，所以很少人和我競爭，我便能藉此取得利益。

日本的人口減少的話，意味著用日文的人也會減少，但英語圈就不同了。以長遠的眼光來看，使用英文的人不會大幅減少，所以英語圈的匿名網路論壇，其規模成長到某種程度後，就算什麼都不做還是能運作。

我一直以來就是以這種方式選擇工作，因為當我選擇用努力來競爭的瞬間，就一定會被其他人追過去。

以虛擬貨幣的例子來說，趁大家都還懷疑時，先投資的人能搶先一步獲利。模仿已經賺錢的人，試圖從後面追上，通常都賺不到什麼錢。從這點來看，大部分的商業行為都有共通的部分：當你知道某件事會賺錢時已經太遲了。相反的，看起來不會賺錢、還沒什麼人在做的事，或許有可能是賺錢的機會。

遇到這種機會時，你可以放手賭一把。我當然不推薦你把全部的身家財產都賭下去，不過如果是就算失敗也無所謂的程度，還是值得一試。

4 性格隨和，也是一種優點

日本人喜歡集結眾人之力，把問題一一解決，非常重視同心協力的氣氛。因此在日本，和他人一起聚餐喝酒可以讓公司裡的氣氛變好；但若是對自己的能力有自信的人，就不必介意公司內的團結氛圍，可以獨自作業。

組織中也會有沒那麼優秀的成員，不過即使能力沒那麼傑出，如果能讓團隊氣氛變好，也有可能廣受喜愛。

例如，谷歌會優先僱用這類的人。比起激烈競爭造成衝突，谷歌更重視內部和諧的環境，讓員工可以悠哉的工作。

你目前就職的企業，是看重個人能力還是團體歸屬感？每個公司都不同，沒有優劣之分。但要是你所處的環境和你追求的氛圍不一樣，就難以堅持下去。舉例來說，只想做好手邊工作的人，被要求擔任公司內部活動的負責人，就會感到很痛苦，反之亦然。

如果你的性格比較隨和，或許可以追求「員工都很優閒的工作，企業卻能運作得還不錯」的環境。

思考一下自己的個性，不是作為優秀的員工，而是作為好相處的員工在職場生存，也是一種一%的努力。

如果世上的所有人都只想升官或競爭，會讓人喘不過氣。請試著找出適合自己的工作方式，無論哪一種都有路能走下去。

5 努力就會成功，害慘很多人

世界上到處都充斥著「一〇〇%靠努力」的信仰。但我希望你思考一下，不管任何事物，能讓人說「這一〇〇%是自己的實力」的其實少之又少，許多是遺傳或環境造就的結果。

例如，某個人為了受異性歡迎做了各種努力，最後終於找到另一半，但他可能原本就長得還不錯，而對方也是被他的外貌吸引。換句話說，這是遺傳因素的影響。

事實上，影響人生的並非只有一個決定性的因素，而是有各式各樣的原因。為了讓你接受這個事實，我來說說以下的道理。

首先，**很多人都太過看重意志力**，要是你沒賺到錢或減肥成功，很多關於賺錢方法或減肥健身的書，其作者就可以把「都是因為你的意志薄弱」當成藉口；把學生成績當成招牌的補習班老師或家教，有時也會說「因為你的努力不夠，所以才考不好」之類的話。

那麼**憑意志力，人生能改變的範圍究竟有多大？我雖然不覺得完全是零，但也非常少**。比方說，自殺率和經濟景氣有關聯，或像我在自序裡提到的，要是出生在有錢人的家裡，就比較容易進入好學校。

另外，如果父母是醫生的話，小孩子不一定一〇〇%會成為醫生，但父母和親戚都會期望小孩成為醫生。而這個小孩也會從小就似懂非懂的意識到這一點，到了考大學時，自然而然會比較容易選擇相關科系。

這麼一來，相反的例子也說得通。如果父母很會亂花錢，小孩子就較不容易養成良好的金錢觀。對在這種環境裡成長的孩子，不能說「都是因為自己不努力」、「是你們頭腦不好」這種要自行承擔後果的話。

「這究竟是遺傳還是環境造成的？」遇到成功的案例時，我建議你先試著思考背後的原因。無論是努力、遺傳或環境，都不會是造成某個結果的單一原因。

但有的運動選手或創業家，認為努力等於全部，並強迫他人接受這種想法。

媒體也在追求這些：「你成功的祕訣是什麼？」「我是拚著必死的決心努力過來的。」像這樣的對話，或許過去你已經聽過很多次。反倒像我只會回答「只是偶然而已」，就不討媒體喜歡。

我希望強迫他人接受「努力論」這種事可以完全消失、不再發生。因為把這種想法強加給別人，會造成職場霸凌或過勞死。又或者，有時想戒除酒精成癮或藥物依賴，光靠意志力也難以解決，必須截斷取得的途徑，並接受治療。

請不要忘了，這個社會是什麼樣貌、自己身屬其中的家庭或公司團體是什麼樣子，這些因素都會對許多事帶來影響。而遺傳或環境又帶來什麼影響？你可以退一步思考，不要把一切的錯都歸在自己身上。光是這樣改變思考的習慣，人生就能變得輕鬆。

不過，假設你把原因全歸咎於遺傳上，那你只能一邊憎恨自己的父母，一邊想著如何消除自己的自卑感。

如果你因此去整形，改變了自己的外貌，或許一瞬間能獲得心靈上的平靜。但你很快的會開始在意臉之外的其他部分，最後把聰不聰明、個人能力都怪罪在父母身上。與其做臉部整形，還不如把思考模式做一下整形。

6 人們喜歡屈於權威，因為這樣比較幸福

你是否很容易向「權威」屈服？如果你容易屈於權威，或許過著順從權威的人生會比較幸福。

在社會上，尤其是官僚體系中，即使對方只早你一年進公司，他的地位也算比你高。在一般企業當中，就算不起眼的人也能因為年齡而升官。這是受到過去社會體系的影響。

過去的日本，長男會繼承所有的財產，而次男或三男能活得自由自在，這樣的想法還留存到今天。

這就是所謂的父權體制，至今還維持這種社會體系的國家，只要上位者做了什麼決定，下面的人就得服從，大家都會下意識的接受。頭腦好的三男就算感到

不滿，還是必須服從長男的決定。有這種家庭制度的國家，在家以外的社會也會按照這個邏輯運作，只是父親或長男的角色變成老闆或主管。

順帶一提，當我在美國留學時，沒遇過抱著「前輩說的話就是絕對」的想法的人。每個人都有各自的主張，認為有不合理的事也會表達出來。因為他們不存在前、後輩的關係，所以就沒有這種思考邏輯。

這也和大陸與島國自古以來的差異有關。以島國來說，能取得的糧食以及分配的人數大致上都已決定。另一方面，大陸的話，鄰國隨時會將糧食全部搶走，或少數的人口在廣大的土地上從事大量生產。

因為有這樣的差異，生活在島上的人們，與其拚了命想辦法增加食材，還不如思考如何站上高位，成為負責分配的人。所以島國人的目標就變成能決定食材如何分配的人，而且其他人都無法抱怨。

這聽起來或許和自己無關，但在二十多年前，當時日本人都對大藏省（現今財務省的前身，為日本過去最高的財政機關）做的決定唯命是從。而這種容易屈服於權威的民族性，一直延續到今天。

在美國或中國，經常聽到一些小型新創公司和大企業做生意的例子，因為這些國家是以契約社會為根基成立。或許你會想反駁，日本也會簽訂契約，但真正的契約社會，會以「利害不一致是理所當然的事」為前提簽約，之後若發生了爭執，則藉由打官司來解決。

日本的話，彼此會以「雙方的利害一致」為前提工作。所以日本人不會跟利害不一致或覺得無法信任的不知名公司簽約。但相反的，會把簽約合作的公司，當作永遠不變、信念一致的夥伴。

比爾．蓋茲之所以能藉由微軟席捲全世界，是因為採用和日本完全相反的方式。過去ＩＢＭ電腦搭載的是微軟授權的作業系統。微軟在當時是一個位在西雅圖、誰都沒聽過的小公司，而且還是學生創立的弱小企業，為什麼大企業ＩＢＭ會跟微軟簽約？因為他們在做企劃簡報時表現得非常好。ＩＢＭ親眼看到軟體，就說：「嗯，能順利運作，好，那我們就來簽約。」

如果是日本的大企業，就算成果實際展現在眼前，他們也會找「好像不能信任」或「他們過去沒有實績」等理由，不與對方簽訂合約。所以我認為在日本，與其辛辛苦苦待在小公司，先進入大企業對上班族來說比較好。因為大家都很容易屈於權威，所以最好是爭取擁有權威的位置。以相同的理由來看，學生最好進入排名比較前面的大學。

到此為止，我已經說了許多跟本書的重點「一%的努力」有關的事，因此我想總結一下自己的努力。

二〇〇九年，我將 2channel 的所有權轉交出去。在營運方面，已經幾乎沒有我要做的事。一旦放手之後，我理解到即使放手什麼也不會改變。後來又發生了吉姆·瓦特金斯（Jim Watkins，曾為 2channel 提供代管和域名註冊服務）奪取 2channel 的事，但我在最高法院勝訴，所以現在還是握有 2channel 的商標權。

在前面提過，我現在擔任英語圈匿名論壇 4chan 的管理者。但我在 2channel 和 4chan 做的事並沒有什麼不同，思考邏輯都是相同的。

如果你問我在其他的語言圈有沒有類似的商機，我認為以市場規模來說很難成立。我有認識的朋友在西班牙語圈提供類似的網路服務，但據說廣告收益很難提升。此外，也有在法語圈做相同工作的人和我分享了大致上的狀況。法語圈包含曾是法國殖民地的非洲地區，但這些地區尚未形成使用網路論壇的文化。光看歐洲境內，法語圈也沒那麼多。

第六章

明天能做的事，就別在今天做：精準的閒晃

在寫程式時，很順時就能拚命打，不順時就什麼都打不出來。

但有時早早放棄上床睡覺，到了隔天就突然什麼都迎刃而解。**因此在行不通時，迅速放棄也是一種一%的努力**。要是熬夜把身體都搞壞了，那根本是賠了夫人又折兵。

我的座右銘是「**明天能做的事，就別在今天做**」。在 2channel 還在成長時，我的作息就是週休四天。我從準備重考時開始，就持續這種懶散的生活方式。當然，你能不能像我這樣使用時間，也要看你的個性，所以我並不推薦每個人都過這種生活。

接下來，就讓我來談談你如何判斷，自己適不適合過這種人生。

1 不是天才，就不要用天才的方法

如果是不適合自己的事物，就算再怎麼努力，也難以有回報。儘管如此，各種故事裡卻很喜歡傳遞倖存者偏差的道理。

比方在戰爭時，有一百個人被送上戰場。最後只有一個人生還，其他九十九人都戰死在沙場上，那唯一生還者所說的話會被永遠流傳，剩下九十九人的聲音則不會被聽見。而這唯一生還者，就成了其他九十九人的代言人。

另外，雖然邏輯很重要，但如果只以邏輯思考，就很容易被局限。比方說：「其他電視臺都有這麼高的收視率，那我們也來做跟他們一樣的節目企劃。」縱使這在邏輯上講得通，但要是每個電視臺都這樣做，就會出現許多類似的節目，所以如果世界只靠邏輯在運作，會變得很無趣。

這時就需要一些擁有瘋狂想法的人，例如像賈伯斯這種跳躍思考的人。如果你身邊有這樣的人，跟著他會有好事。當然也要看對時機抽身，畢竟跟在這種人身邊，自己也會消耗能量，但我認為可以試著賭一把靠近他。

我無法成為天才，看到有人能想出前所未有的新點子，我只覺得：「自己實在是辦不到。」回顧自己的人生，我遇過許多想法比我更有趣的人。但以結果來說，到頭來是像我這樣的人在從事企劃的工作；想法有趣的人，一旦有了必須守護的東西，比方說有了戀人、家庭、想在社會上出人頭地，就瞬間變得無趣。

如果一般人難以靠創意取勝，那就從「量」著手。假設有人連續看了十個小時的漫畫，或許會被認為浪費了十個小時，然而我會覺得，這是花了十個小時在了解娛樂業界。

2channel 是以其他網路社群平臺為靈感創作出來的；niconico 動畫也是，因為多玩國當中，有員工曾從事與 YouTube 相關的工作，而我借用了員工的力量才能創造出來。因此我在創立這兩個平臺時，都不需要從零發想的能力，但因為過去累積了不少娛樂方面的知識，我才能做出提案：「那個好像很有趣。如果這樣做的話，說不定會更好！」

能天馬行空想出好創意的人，雖然有想出有趣點子的可能性，但相反的，很多人會過度自信：「這是我想出來的，一定會很有趣！」所以像我這樣能以客觀角度陳述的人，就會被重用。

我把工作類型分成以下三種：

一、從零生出一的人。
二、把一變成十的人。
三、一邊維持十，再漸漸發展出十一、十二的人。

前面提到能想出好點子的人，就是「從零生出一的人」。他們會珍惜自己的點子，並讓周圍的人參與其中。不過他們對於做得出好東西的自信，有時是一種武器，有時也是一種枷鎖。

當好的創意被製作出來後，經過「把一變成十的人」加以改善，透過他們的人脈、經驗，得以發揚壯大。

最後當成長停止後，能維持發展的就是「一邊維持十，再漸漸發展出十一、十二的人」。這種人通常任職於大企業，屬於抗壓性高又認真工作的類型。

在大型組織中，若想推行新提案，與其說需要無視周圍、強勢推動的能力，由謹慎細心的人一邊統整四周的狀況，一邊計畫性的推動更為重要。因為一個大組織在轉變方向時，須耗費更多的精力。

發現這個步驟太過麻煩而離開公司的人，如果是像一或二這種有自信的類型，那應該沒什麼問題。不過我會想默默為身為類型三而正在奮戰的人加油，因為這個工作通常由他們執行。「如果我無法天馬行空、從零想出好點子，我還會做什麼事？」請試著思考這一點。

這個社會對於類型一的人有點吹捧過頭了。一起唱雙簧的兩個人，如果都負責想笑點，那就很容易產生意見衝突；若一個人負責想笑點，另一個人負責配合搭檔，表演就能順利進行。

就像我在前面說的一樣，在公司裡也有人擔任讓團隊氣氛變好的角色。不管是誰，總有路可以走，重點是找到這條路。

2 無趣的工作怎麼變有趣？

聽了前面關於類型三的說明，你有什麼想法？或許有很多人會覺得從事這類型的工作很無聊。對於這種人，我建議你可以多給自己機會嘗試各種事。

例如經常與客人接觸的服務業，「今天我來嘗試問客人的名字！」、「今天我試著以注視著客人的眼睛來傳達感謝！」你不妨幫自己安排一個任務，並實際做做看，然後在結束後，思考一下發生什麼事。說不定你問了客人的名字後，客人點了比較多餐點；看了客人的眼睛後，似乎讓客人感到有點壓迫感。凡事都要嘗試看看才會知道。

在開始工作前，你可以問自己：「今天要幫自己安排什麼任務？」當你在做這些嘗試時，重點是之後能理性的反省。這麼一來，無趣的工作也會變得像遊戲一樣。

前面提到的服務業和第二章提到的打工經驗有共通的道理——以人為對象的工作，就是最佳的遊戲。因為再也沒有其他事物比打動人心，更須多加嘗試。

你在嘗試時，可以參考以下四個面向——過去是史丹佛法學院法學教授的勞倫斯．雷席格（Lawrence Lessig）曾提出，**人類的行動取決於這四個要素：道德、法律、市場、架構**。

假設你希望家中的某個成員能戒酒，那麼從「道德」要素來思考方法，你必須灌輸他喝酒的罪惡感；從「法律」要素思考，就要創造出不能喝酒的規矩，如果他違反了這個規定，就要給予嚴厲的懲罰。這也需要其他人的合作與監督；從「市場」要素思考，就是讓他買不起酒。具體的做法有減少他的零用錢，讓他不得不放棄去買酒等；從「架構」要素思考，就是創造無法喝酒的結構。比方說把交通工具從公車改成自家用車，這麼一來他就不能喝完酒再開車回家。只要套用以上這四點，嘗試的過程就會變得更順利。

3 我樂於當幫助別人成功的人

我扮演的角色就是像前面提到的類型二。

在創作內容時，以一個才能相當突出的人為中心運作，才能活化整體產業。比方說像新海誠這樣的人才，他身邊會出現認可他的才能的人出資支持他。

為了要培養一個人的才能，周圍的人能做些什麼？對傑出的創作者來說，找到感情好、合作順利的夥伴並和他們組成團隊非常重要。縱使團隊夥伴是資質普通的一般人，但更要緊的是整個組織能否認同創作者。

創作者能創造出有趣的東西，就意味著他們腦中和別人不一樣，在旁人看來有點瘋狂。而團隊是否能支持他們的想法、提供一個良好舒適的工作環境，並相信瘋狂的構想會成功，讓創意實際被創造出來？這些雖然很難從外部看到，但對內部來說很重要。

其中，創作者身邊最好有人，能協助他們讓大眾看到這些才能。

例如漫畫雜誌《週刊少年 Jump》前總編輯鳥嶋和彥，他不但發掘了日本國民漫畫家鳥山明，捧紅了其作品《七龍珠》和《怪博士與機器娃娃》，還有許多厲害的豐功偉業，甚至和堀井雄二（創作者）、鳥山明（角色設計），參與開發知名遊戲《勇者鬥惡龍》。寫故事的人、繪畫的人……團隊分工合作，這跟皮克斯（PIXAR）的做法是一樣的。

不過這種做法也有缺點。因為這樣很容易以「創作現代人想看的東西」為市場考量，所以就算創造出暢銷作品，很有可能三年後就沒有人再看了。

此外，關於漫畫《航海王》有這麼一則軼事：據說擔任漫畫家尾田榮一郎的責任編輯有一支手機，裡面只有尾田榮一郎的電話號碼。不管他在做什麼，甚至是在睡覺，只要電話一響，他絕對會接起來。這當然不是尾田榮一郎拜託他這麼做，只是他擔心萬一讓尾田榮一郎感到不滿，跳槽到其他出版社的話，會造成公司莫大的損失。

當時他接受電視採訪提到這件事時，甚至還說：「就算現在在錄電視節目，我也沒有關掉這支電話。如果現在電話響了，我也會毫不猶豫的接起來。」

你身邊有想支持、幫他加油的人嗎？在有才能的創作者身邊支持他，也是一種工作方式。這不只限於超級有名的人，在你待的業界、企業裡，如果有一個能讓你覺得「我想支持他」的人，那你就能扮演支援的角色。而且不要想著該怎麼努力討他歡心，而是要思考如何發展那個人的才能。

4 小時候的你怎麼寫暑假作業？

前面說了與工作類型相關的內容，而我還推薦另一個方法幫助你了解自己。那就是從**寫暑假作業的方式，判斷自己的性格**。小時候，每個人都會遇到不得不面對暑假作業的處境，而你是屬於哪種類型？

A、早早就把作業寫完，或每天一點點很勤奮的做功課。
B、會把時間花在自由研究（可自由決定主題的作業）或畫畫。
C、等到最後一天迫在眉睫，才開始匆匆忙忙寫作業。

讓我們照順序來看。

首先，類型A的人乍看之下是普通人，但其實能有計畫性的規畫事物，是一種很了不起的才能。這種人很適合讀書，我建議這種人往累積知識的方向前進。不過如果是單純的累積知識，很容易讓人有光說不練的感覺，這時只要跟經驗結合，就能成為特有的原創力。只要朝著這方面前進一定沒問題。

類型B的人比起討好老師，更希望把事情做到讓自己心服口服的程度。這類人或許不喜歡交際，但有著能獨自默默完成工作的才能。

最後是類型C，我就是這種類型的人。這種人擁有能應付突發狀況的能力，出現急事時，雖然嘴巴上說著：「慘了！來不及了！」內心深處卻像遇到了大型盛宴一樣享受其中。這種人適合進行風險管理、談判等工作。

請試著回想一下，小時候是如何面對自己的暑假作業？如果你明明是類型A的人，卻在做處理客訴（適合類型C）之類的工作，說不定有一天內心會崩潰。

若長大成人之後想改變自己的性格，需要莫大的精力。還不如下定決心，找出不適合自己的生存方式並遠離，才是正確的戰略。

5 累積實績，成為有發言權的人

為了在職場上有所成長，首先的目標就是創造一開始的實績。是否有做出一些實際的成績，決定了你能否成為可以提出意見的人，雖然這聽起來有點可悲，卻是現實。

大多數的網路服務，都帶有讓人覺得有趣的要素。以我的狀況來說，為了做出一開始的實績，我把重點放在理性的說服他人。因為我花了很多時間在電動和電影上，所以我對於闡述娛樂產業的趣味性很有自信。

不過就算有理論，但沒人聽的話，也是行不通的。所以反過來看，在這時只要有一個比較大的實績，其實相當有利。請問問自己：「你現在有做出什麼成績嗎？」我一開始也是一提案就被拒絕、再提案又被拒絕，就這樣重複了好幾次。

但我並非勉強自己咬牙忍耐，而是全憑藉一股好奇心，說服許多經營者。

逐漸的，我也開始了解到，比起讓基層的員工能輕鬆做事，經營者更喜歡輕鬆賺錢的方法。哪裡有問題？哪裡須多花心思？我享受著這些找出問題的過程，並把接觸的人分門別類，在腦中做出「如果這樣問的話，會得到這樣的回答」的模板。

後來，我在 2channel 差不多做出了成績，這時工作瞬間變得很簡單。就好像原本還在樓梯間爬上爬下，一下子突然搭電梯到達頂樓的感覺。

6 追求比賺錢更重要的事，就會賺到錢

我過去認識的經營者當中，大家都想輕鬆賺錢。如果沒有錢的話，就找到一個人並說服他投資；若缺少優秀的工程師，就找到一個優秀的人，並對他提出邀請。如果人事費太高，就把工作外包給國外。這才是最有效率的做法。

不過我在和美國的經營者對話時，曾受過不小的衝擊。因為那時對方這樣問我：「我們並不缺錢。為什麼要做這個？做這個的意義在哪裡？」由於對方這樣問，我們變得無法繼續討論下去。

當你和重視賺錢以外事物的人合作時，最終只剩下「合不合」的問題而已，看感覺或價值觀是否能一致，這跟男女結婚是同一個道理。如果生意因此無法談得順利，也不必感到失望。

因此和想合作的對象溝通時，請思考：「這個人在追求的是什麼？」並多次針對這點說服，或許能成交一次生意。如果你這麼做了，對方還在說「因為你沒有實績所以不行」的話，那就只能摸摸鼻子放棄。

有一種虛擬貨幣叫做「Lisk」。我曾和這個虛擬貨幣的創業者談過生意。他創業的目的在於讓更多人使用，並且變得更便利。他並沒有追求「提升營業額」這件事。

他只想著要如何讓這個虛擬貨幣變得更便利，完全沒有想著要賺錢，這對我來說既新鮮又有趣。

我今後也想多接觸這樣的工作，累積一些新的經驗。

7 這週你有什麼新體驗？

當你脫離每天生活的固定模式時，人生會變得非常有趣。試著回顧這週，你有沒有什麼新體驗？

生小孩、換工作這種大事，並不是經常都會發生。所以就算是認識新朋友、品嘗沒吃過的食物、了解到新的概念這種細微的小事也可以，你能舉出任何一件這週遇到的新事物嗎？

如果一瞬間說不出來，很有可能你其實不太享受自己的人生。就像我在前面寫到的，你應該讓自己隨時空出一隻手，才有機會接觸到新事物。

以我的狀況來說，我為自己制定了以下的規則：我只對無法預測的事花錢。看到沒見過的辣椒，我會吃吃看；看見以前沒看過的飲料，我會喝喝看；與人談話時聽到沒聽過的關鍵字，我會查一查。請務必試著回想一下：「這一週裡，是否有遇到新的事物？」

我偶爾會在 YouTube 上直播，這時經常有觀眾問我：「你怎麼懂這麼多？」其實我根本就不博學，只是說自己知道的事而已。但以世人的角度來看，是不是看起來懂很多，差別就在於是否對新鮮事感到好奇。

這時「我只對無法預測的東西付錢」的規則派上了用場，我也喜歡了解、克服自己不懂的事。

在相同的場所，吃同樣的食物、做一樣的工作、與相同的人來往，那麼當然會漸漸的失去和人聊天的話題。當生活模式固定時，我建議你往前走，體驗無法預測的事物。這麼一來，無論是工作或人生，都能以享受的心態面對。

8 了解自己能做什麼與不能做什麼

我不認為這世界被區分成好或壞，找出什麼適合或不適合自己比較重要。工作的螞蟻就要以一隻工作的螞蟻的身分活下去；不工作的螞蟻，也要以不工作的螞蟻的身分活下去。

住在法國時，我發現一件事。那就是路上很少公共廁所，店家也不太外借他們的廁所。當然如果你是客人、有上門消費的話，就能借用店家的廁所。之所以會發生這種事，據說是因為很多人會把廁所裡的衛生紙拿走。

在日本，大家通常不會把衛生紙拿走，雖然仍有少數人會偷衛生紙，但如果所有的人都會偷，那麼公共廁所就難以營運。

然而我認為不拿走衛生紙的人，在世界上可能會越來越少。因為一旦景氣變得越來越嚴峻，大家就不得不更加精打細算，漸漸出現「就算我一個人這樣做，應該也沒關係」的想法。

我大學時代曾因為太窮而把大學廁所裡的衛生紙拿回家用。雖然現在我不會做這種事，但要是未來生活又變得辛苦，也有可能會再做這種事。

另外我想再問你一個問題：你走在路上，突然非常想上廁所，這時你經過一家便利商店。在跟便利商店借用完廁所後，你是否會突然萌生「應該跟店家買點什麼東西」的念頭？你是否會買一些口香糖、瓶裝茶這類既便宜，且買了也不會太困擾的東西？還是會若無其事的走出便利商店？

從此就能看出，你是否會因為感到不好意思而想回報，而這一點會被教育或環境影響。家庭教育比較好或過得比較富裕的人，自然而然會萌生回報的想法。但像我一樣在貧窮地區長大的人，就缺乏這種意識。

諷刺的是，對便利商店的店員來說，就算借你用廁所，不論有沒有消費對他來說都沒差。甚至你要是什麼都不買的話，他就不用打收銀機，還比較輕鬆，所以只是個人感覺的問題而已。

經營者大都站在經營便利商店的角度思考，於是他們會希望借用廁所的人能順便消費買東西，以提升營業額。因此他們無法理解打工想混水摸魚的心情。

又比方說ＩＴ企業的經營者經常為工作忙得焦頭爛額，無法理解鄉民在網路上閒逛的心情，所以我認為他們無法提供讓網民開心的企劃；即使基層員工想到好想法，也難以實踐。所以企業一旦變大，服務容易變得越來越無趣。

在本章，我提到幾個幫你辨別做事類型的方法。如果能了解自己，就能規畫出適合自己的人生，這比什麼都還要快樂。只要了解自己做得到什麼、做不到什麼，就能看清楚當下應該要做什麼。

明天能做的事，就別在今天做。放著功課不寫，一直打電動的罪惡感，其實也讓人陶醉。但你是否能享受這種喜悅？這要看你是屬於哪一種類型的人。

第七章

給不想努力工作的螞蟻的建議

我現在住在法國的巴黎，平時打電動、看電影，在想出門時去想去的地方。我把擅長的事物當成工作，除此之外就過著懶洋洋的日子，遇到了感興趣的生意或有趣的人，就試著投資。我就是過著這樣自由自在的生活。

但世界上有很多無法偷懶的人，他們就像在大海裡游泳的鮪魚，一停下來會死一樣。所以**像我這樣能過上偷懶的人生，或許也是一種才能**。

據說觀察螞蟻的生態，會發現一種乍看之下以為牠在偷懶的螞蟻。他們會吃工作的螞蟻搬運過來的食物、在工作的螞蟻打掃的巢裡生活，並到處閒晃散步。

但當不工作的螞蟻到處閒晃，偶遇非常大的食物時，會回到蟻巢通報，這時其他螞蟻會來搬運。

你想當哪一種螞蟻？你有偷懶的才能嗎？在此我要用「給不工作的螞蟻的建議」來總結本書。

1 你要懶散，但全心投入

不工作的螞蟻有兩個必備的資質：**對於懶散不會有罪惡感，再來就是能投入在自己的興趣當中。懶散其實是很重要的要素。**

所有人在自己的一生當中，都覺得無論是人還是社會都會持續成長。每個人的腦中都被深植了一種「人生是會往上成長」的偏見。比我更早的世代，很有可能沒辦法跳脫出這種偏見，那也是無可奈何的事。但感覺二十五歲以下的人，已經漸漸沒有這種想法。

或許是他們開始發現，就算工作了幾年，薪水也沒有漲多少，或看著前輩的薪水，已經能想像到自己往後的人生。想像一下你每天都過著懶散又得過且過的日子，若這樣生活還過得去，自己的努力就算沒有得到回報，也還能接受。

另外，關於做生意這件事，美國能從世界各國聚集頂尖的人才，且能付出非常高的薪水。而中國則是為了自己的利益，甚至能改變法律，人力也壓倒性的便宜。如果想從這兩個國家的賺錢機制中脫穎而出，必須找出另一條路。

比方說日本的「發泡酒」，在世界上是一種多餘的存在。發泡酒是因應日本特有的酒稅法創造出來的酒類。由於大麥成分低，不符合日本酒稅法上對啤酒的定義，可適用於較低稅額，因此價格比較便宜。這是為了內需市場而製造的酒，所以完全不適用「以世界為市場，要製造出好喝的酒」這種規則。即使發泡酒在海外完全不知名，但在日本，這是另一種生存之道。

除此之外，想成為不工作的螞蟻，另一個必備的要素，就是能完全投入在自己的興趣當中。

有些人認為為了興趣做調查很麻煩。的確，在沒有網路的年代裡，這確實是很麻煩的工作，但現在有了電腦和智慧型手機，調查的成本已經趨近於零。我把**調查當成一%的努力，凡事都很澈底的調查**。為什麼？

比方說關於制度。你知道日本的「故鄉稅」是什麼嗎（按：此制度用來鼓勵民眾捐款給地方政府，扣除一部分自行負擔的金額後，剩下的金額可抵扣稅金，且會收到地方特產作為謝禮）？反正都要繳稅，如果還能得到一些東西不是更好嗎？我完全找不到不使用這個制度的理由。但有人覺得麻煩而不去做調查，真的很可惜。我之前利用這個制度得到了大約十公斤的米，到現在還剩下不少，分量超乎我的意料之外。

此外，曾有人說想靠投資大賺一筆，所以我就問他：「你有利用 iDeCo 跟 NISA 投資嗎？」（按：皆為日本常見的投資方式。iDeCo 的特色是可以用來節稅，且投資收益同樣不課稅；NISA 最大的優點為在額度內不會被課稅）對方竟然回答沒有。不光如此，他連這個制度是什麼都不知道。連這個都不調查的話，那還是別做什麼投資了。

你是不是連調查都懶得做？然而光是不知道就很吃虧。

我還曾查過取得既便宜又好吃的肉的方法。我很喜歡叫做《極品牛排解碼之旅 Steak (R)evolution》的紀錄片，紀錄片中提到，西班牙牛肉「Rubia Gallega」才是世界上最好吃的牛。

日本松阪牛為人工飼育的品種，其美味是眾人皆知的。所以有一個富豪偷了松阪牛的精子，在西班牙放牧用這種精子生下來的牛，其牛肉就是我前面提到世界上最好吃的牛。年輕牛隻的肉質比較柔軟，而味道是老牛更美味。據說是因為平靜的過了十幾年日子的牛隻，脂肪含量比較少，因此很美味。

不過根據我的調查，在日本還沒有店家能吃到這種西班牙牛肉。除了少部分國家之外，日本規定禁止出生兩年之後的牛肉進口國內。

除此之外要進口牛肉，還必須在符合日本檢疫所規定的工廠內解體，並貼上證明書。這種西班牙牧場飼育的牛本來數量就很少，所以根本沒必要還特別接受日本的認證再進口到日本。

在巴黎的話，這種肉在網路上就能買到，一百公克大約是四百日圓左右的價格。世界上最好吃的牛肉，用這種價錢就能入手。

只要有興趣，我會澈底調查。我並不是因為「是工作才調查」、「因為沒辦法所以查一下」，我是因為「想知道所以調查」。

2 別當幫豬肉店加油的豬

為了要成為一隻不工作的螞蟻，你不可以太聽話。

我最近很喜歡講的詞就是「幫豬肉店加油的豬」。這是指一隻豬明明處在自己隨時都有可能會被殺的狀況，卻還要擔心豬肉店的生意不好，且最終還是被宰殺了。

雖然你可能會覺得這跟自己沒什麼關係，但其實這種狀況俯拾即是。

不付加班費的公司、年金不足的政府，這些就是豬肉店的最佳例子。本來應該要站出來說「給我錢！」的人，卻很聽話的想著：「哎呀，大家都很辛苦嘛。」而容許這種狀況發生。但到頭來自己會吃苦頭。

大家都想加薪，但大家都說不出口。如果你感受到這種氛圍而什麼都不說，到最後就會成為「幫豬肉店加油」的豬。請稍微思考一下：「你是不是一隻乖乖聽話的豬？」

假設你是家庭餐廳的店員。因為工作很麻煩，所以你想在上班時偷懶，可是你又不想被開除。這時你要採取的戰略就是和其他店員培養感情，讓他們說出：「要是你被開除了，那我也不要做了。」使自己沒那麼容易被開除。不要太認真工作，但也不能完全不做事，這樣就不至於到會被開除的地步。

有一個知名的外國藝人，說曾在日本要求計程車司機把車資算便宜一點。那一趟的距離差不多是一萬五千日圓左右，他對司機說：「我身上只有一萬日圓，你願意載我嗎？」據說他住飯店時，也會問：「我想住一週左右，能幫我打八折嗎？」就連外國人都會在日本討價還價了，日本人更沒有理由做不到。

你能跟他人交涉或拜託他人嗎？「能不能讓我住個一晚？」如果你有七個可以這樣拜託的朋友，就可以省下一週的住宿費。如果你是前一章提到想報答他人的類型，認為應該帶禮物上門的話，那就當不成不工作的螞蟻。

像我的話，還會把另一個朋友叫到朋友的家，跟他說「我們來開派對」並叫他帶酒跟食物。這樣不光是住宿費，就連食物的費用都省了。或許你會說：「這種事我做不到啦！」不過這就跟搭便車一樣，一旦習慣就上手了。

另外，你能不帶錢包或手機出門，安然度過二十四小時嗎？就算是人也是動物，就跟狗、貓或鳥一樣，沒道理不能在外面過活。到書店看書、在公園坐著看植物、睡在路邊也可以。

只要注意安全，像這樣實驗性的經歷過跟遊民一樣的生活，精神層面會更強大，說不定你就能發現，其實人就算什麼也不做也能活得好好的。

3 你要演得很自然，裝得很真誠

我認為人隨著年齡增長，應該要漸漸轉換到不工作的生活比較好。由於體力會漸漸變差，因此持續做同樣的工作會感到越來越吃力。人隨著年紀增加，通常會逐漸累積經驗與拓展人脈，但如果是多年以來什麼也不想、什麼也不做的人，就什麼都沒有。

假設你在基層擔任工程師，但把程式寫得很難，然後又設計成只有自己能處理，那你光靠維修這個系統就能吃一輩子。

換句話說，就是創造出屬於自己的位置。像這種事，在企業裡處處可見。有些人為了讓自己有隙縫可鑽，讓自己活得開心，一定會犧牲他人。這就是他們的生存戰略。

假設某個名人在電視上說了一個小時關於自己的事，就算拿到三十萬日圓的酬勞，但畢竟在電視上說過，以後被邀請去演講時，就不能再說同樣的內容。如果不上電視的話，出席各個研討會、演講，就可以一直重複說一樣的話題，這樣說不定比較好。

為了生存，經營者也是很拚命的。我常覺得：「那些經營者的演技根本比演員還好。」因為他們可以為了錢而說謊不眨眼，只為了讓公司存活下去。畢竟數十秒的演技，就決定了幾百萬日圓是否能到手，那他們當然要使出渾身解數。

要是讓人覺得是在演戲的話，那就會失敗，所以他們會演得很自然，甚至是把話說得很真誠。因此太老實的人不適合做生意。

我並不會否定那些確立自己位置的人，他們和我在本書一開頭寫到的住在團地的人們一樣，人應該要最優先考慮自己。

4 巴黎街頭那些不工作的螞蟻

在巴黎，流浪漢會坐著名貴的轎車「上班」。據說他們能從觀光客手上收到不少錢，所以可以搭車去乞討地點乞討。這根本可以說他們是在享受「流浪漢」這個職業。

觀察流浪漢的身影，會發現其中養寵物的比率還滿高的，且一直在同一個地點乞討的人，偶爾會換不同的寵物。有時是小狗、有時是小貓，甚至是小兔子，總之就是一些讓人看了會產生憐憫之心的動物，從沒看過一些身形較大的寵物。可能帶著可愛的小寵物，觀光客會比較願意掏錢。

此外，有一次我在巴黎請了水電工來家裡。我請他幫忙裝冷氣、漆油漆以及修理鐵捲門等工作，那時來了一個技術很好的獨立水電工。居民過去一般都是委託相關企業，但最近這樣的公司減少了，獨立接案的水電工變多。

我本來只請他修理鐵捲門，但他不只幫我在窗框上另外上油，還注意到很多小細節，我想他大概是不適合受僱於企業，但因為個人接案而生存了下來。

還有一個例子。巴黎人一到夏天就喜歡去馬賽度假。而在馬賽自己開車最方便，但巴黎人不喜歡開車過去，因為太遠了。因為這一點，就發展出一種代客駕駛的服務，沒有車卻有時間的人會以一歐元的代價幫人把車從巴黎開到馬賽，之後在馬賽還車。

這麼一來，沒錢的學生能以這種方式到馬賽，有錢的人可以悠閒的坐飛機，然後在馬賽領回自己的車子。不光是法國，只要是喜歡度假文化的國家，這種服務大概都很流行。

也有一些網站會用跟出租民宿網站 Airbnb 一樣的方式，販賣各種異國料理，比方說印尼人會直接到客戶的家，親自烹調印尼料理，而且是只要五美元左右的便宜價格。像這種針對特定需求的服務越來越多，許多人會做這種生意賺小錢。

有不少人會抓住這些機會，並藉此過著他們想要的自由生活。

巴黎過去流行共享自行車，但近期則是電動機車越來越受歡迎。看到這股風潮，自然也出現了利用這件事賺錢的人。他們會去收集沒電的電動機車，帶回家充電再放回去，據說這樣可以賺三到五歐元。我經常能在半夜看到收集電動機車的阿伯。這麼一來，電動機車的公司就不用另外耗費成本充電，有空的人會自動幫忙充電。

順帶一提，這個電動機車時速大概可以到三十公里左右，其實在法國是違法的，不過他們卻相信租用的人不會騎超過時速二十公里。

5 這世上，還是有善意

到此為止，雖然只是一些細微的小事，但我相信你已經能了解巴黎和赤羽團地的人們，是活得多麼幸福了。

從到美國留學開始，我已經拜訪過五十三個國家。看見在海外生活的人們、與他們聊天後，我得到了一個結論：「就算不用活得那麼努力，也沒有關係。」

我過去對緬甸的印象是很貧窮。當我以前到緬甸觀光時，當地正受到美國的經濟制裁。那時連信用卡都不太能用，只能使用現金，觀光客也很少。

有一次我在早上出門散步，發生了一件小插曲。我在前往市場的路上，遇到當地一位阿伯，身上穿著緬甸傳統服飾籠基（Longyi），看起來很像裙子。他開口向我搭話：「我朋友開了一間店，我介紹給你！」

我當下以為自己會被帶到一些奇怪的地方，而且我買東西的話，大概阿伯會拿到佣金。接著阿伯就帶我繞了好幾間店，我沒看到喜歡的東西，所以什麼也沒買，可是阿伯也沒有特別向我推銷。不只沒推銷，他甚至還在路上買了大概一日圓左右、像香菸一樣的東西給我。

最後他說：「我們去喝杯茶！」我就心想：「大概是要我請客？」到了咖啡廳跟他聊天後才知道，他平常在旅行社上班，那天放假。當我們走出店時，這位阿伯甚至還幫我付了錢。

我問他：「你為什麼要做這種事？」他告訴我：「我希望有更多觀光客從海外來玩，要是來的人都覺得『緬甸是個好國家』那就好了。我這是為了緬甸好。」

我在很多地方都曾提過這件事，而我也想在這本書上寫下來，當作對這位阿伯的報恩。

這種事不只限於緬甸人。我參觀泰國王宮時，也有人用日文幫我做導覽。當我問對方：「為什麼要做這種事？」對方只回答我：「我是自願做這件事。」

去米蘭時，也有人在我手腕上編幸運繩。我跟對方說：「我是絕對不會付錢的喔！」對方就回答：「我不要錢。」他幫我把幸運繩編完後，只說了句：「為了非洲（For Africa）。」就走了。

在菲律賓時，因為美金換披索很麻煩，所以不認識的人幫我付過錢；在杜拜時，我因為搞錯了搭公車的方法，在驚慌失措之際，也有人幫我付公車錢。

在德國的火車上，我搭錯車艙搭到頭等艙，車掌對我說：「你沒有車票要付罰金。」然後被帶到站長室，但實際上對方也沒跟我收罰金，只警告了我幾句就放我走。

這個世界上無論在什麼地方，都會有人在你發生困難時伸出援手。如果對方開口向你說話，你就側耳傾聽。但一定要定下一個「絕對不付錢」的規定，並且堅持遵守。

不過，就連我這種人一直感受到他人的善意，也是會產生「真是不好意思」的罪惡感。

6 人生再苦，也要練習自嘲

終於來到本書的尾聲了。不論是書籍、電影、動畫還是遊戲，都是美好結局會比較暢銷。但我比較喜歡沒有美滿結局的作品。

因為我認為作者想告訴大家：「就算不賣座，我也要告訴你這就是現實。」想傳達一些出乎眾人意料的道理。看這樣的故事才學得到東西，也能獲得更多。不過這是少數派的意見。

最後我想聊聊，能幫助你轉換思維的方法——把世上所有的事物都當成「話題」看待。

就算入學考試考不好、找工作不順利、事業失敗、沒有錢，只要在家一邊和朋友喝著酒，一邊把這些當話題自嘲，對方也會跟著哈哈大笑。

即使再辛苦、面對了再困難的事，我都會在心裡想：「以後一定可以把這件事拿出來笑。」

你有什麼事是可以這樣拿出來笑著聊的嗎？我真心希望你身邊有幾個朋友，讓你能說出：「我遇到了這麼糟糕的事！」

結語
放對了位置，不用努力也能成功

我在十八歲時，經歷了準備重考大學的生活，那時的我說直白一點就是沒工作的人，也就是過著偏離軌道的人生。這個經驗對我的影響很大。

那時我想：「每天就像在過暑假一樣。」我去上重考班時，發現有人真的很喜歡念書。於是我認為，和那些人競爭實在是很蠢，因為我再怎麼努力，也贏不過真心喜歡而做的人。

搞笑藝人、運動選手、作家，這些都是需要天分的工作，沒天分的人再怎麼拚命努力也贏不過天分。

因此在人生當中，分辨出自己適合的領域，找出自己屬於什麼類型，是很重要的。

有些人放著不管他也會找事做，有些人就真的什麼事也不做。前者放著不管讓他繼續做就好了。而後者的話，就只能成為一個消費者。所以最好是盡快找工作，找到工作後就要緊抓著不放，以此為生。這也是一種生存之道。

我的朋友當中，有個以「國中畢業」為武器的經營者。身為經營者，其實學歷怎樣都無所謂，他卻說：「要是我打著國中畢業的招牌，對方會上鉤，就願意聽我說話，所以很好用。」

他把一般人都會當作是缺點的東西，刻意當成招牌，來提升成功率。這就是把自卑的點化成只有自己才有的王牌，正是一％的努力的實踐者。

長期擔任各個網路平臺管理者的我，目前也正在經營一個叫做企鵝村的社群（https://epg.jp/），所以我就是企鵝村的「村長」。在企鵝村裡，我們會在網路上聊一些電視節目或漫畫的感想，也會幫大家解決難題、說說蠢話，或聊一些地方團體和附近鄰居在做的事。

這個社群的規則是「不能否定對方的人格」、「不能洩漏個人隱私資訊」等。現在在網路的世界裡，明明沒有人遭受真正的傷害，卻有人批評網路鄉民「規矩很差」、「一天到晚製造動亂」、「讓人很不愉快」；企鵝村沒有其他平臺那麼高的道德規範，創立目的是每天都要過得開心。為了彼此相處愉快，溝通是很重要的事。但在現在的社會，就連跟附近鄰居輕鬆相處都很困難。我就是這麼想，而開始經營企鵝村。

把「只有自己能做的事」、「別人想不到的事」當成武器來提高勝率，戰勝時真的很暢快。**把自己的能力放在什麼樣的位置，你的人生才能更輕鬆？**只要經常思考這一點，人生就能活得更好，也會更快樂。

對你來說的「一％的努力」是什麼？這只有自己才能決定。

在最後，我要對編輯種岡健先生表達謝意，繼《無敵的思考》與《工作法：完全無雙》兩本書之後，他再次統整了我漫無邊際的思緒。

附錄
只想付出一%的努力，我這樣思考

我在這裡統整出所有出現在本書中的重要部分，希望能成為你做決定時的參考，並在適當的時機想起來。每一個瞬間的判斷，都會左右你的人生。

第一章

1. 蛋盅根本是不必要的東西。

在漫長的人生裡，並不是所有東西對你來說都是必要的。就像蛋盅只是為了用來裝蛋的容器，其實根本不需要。

2. 我和這個人是不是有不同的價值觀？

遇到有人跟自己意見不同，如果立刻拒之門外，那就太可惜了。試著預想一下：「他為什麼會這樣想？」無論什麼人，你都能從他身上學到東西。

3. 他們從古代就一直存在了。

請試著想像一下，自己在出生以前的世界是什麼樣子。這樣就不會對任何事物感到太陌生，除此之外也能消除偏見。

4. 自己遇到什麼樣的狀況會覺得很悲慘？

對自己而言，「最悲慘的谷底」是指什麼樣的狀況？最好是實際看過那些景象，或透過旅行、電影、書籍、網路等手段體會。

5. 人是守護權利的生物。

有的人成為不被社會認可的人，一定有背後的原因。所以比起批判，不如找方法接受這些人，因為逼對方努力也沒用。沒用的人也有人權，說不定你哪一天也會變成那樣。

6. 隨時空出一隻手。

就算機會出現在眼前，如果你當下無法空出一隻手抓住它，就會失去機會。若雙手被塞滿，就無法開始新的事物。先試著放手，並將你的行事曆留白。

7. 沒有錢時，該怎麼辦？

當腦中想著「只要付錢就可以解決」時，你就停止了思考。沒錢時可以試著跟朋友借、用其他的東西替代，方法有很多種。會馬上用金錢解決的人，只能做一些用金錢來滿足的消費行為而已。

第二章

8. 對你而言，你的「大石塊」是什麼？

一開始如果不在自己的壺裡放入大石塊，之後就沒有空隙再放入其他東西。無論是砂礫、細沙還是水，可以選擇之後再放。你只能自己決定放進去的順序。

9. 這個世界分為「邏輯講得通」和「完全是喜好」的世界。

事物能分為兩種：以邏輯說得通的領域以及說不通的領域。若把後者分類為「興趣的世界」，就能避免沒有結論的議論。

10. 那有可能修復嗎？

判斷什麼是必要的，什麼是非必要的，其實很困難。決定的關鍵就是看看那有沒有事後修補的可能性，如果有的話，就可以先把它歸為非必要的類型。如果事後無法修補，就只能現在去做。

11. 我人生的目標朝著什麼方向？

就算目標不具體也沒關係，但要決定好目標的方向。不須考慮現實的問題，就算乍看之下很魯莽，只要改變自己的行動，就能逐漸接近目標。

12. 這個世界經常可以大概應付。

無論是公司、學校或政府，意外的有很多地方都在敷衍了事。反正都是跟自己差不多程度的人在經營。

13. 世界上有大半的工作，只要有高中生的程度就能完成。以自己的工作為傲是你的自由，但事實上你有在做什麼很困難的事嗎？把工作指南交給高中生的話，他們是不是也做得到？你不想挑戰更難的事嗎？

14. 什麼東西會讓自己感到有壓力？
實際體驗一下自己不適合的事後，就能學會避免。**不須覺得「我在逃避」，只要想著「我是在延長自己的壽命」**就好了。

第三章

15. 我就是喜歡這些東西，沒別的理由，總之就是喜歡。
「為什麼會喜歡？」的理由，事後再加上去就好了。理由是沒有意義的，只要喜歡了就去做。

16. 失去了什麼體驗會讓人感到困擾？
我不建議你把個人喜好當作職業，而是從需求下手。那到底哪裡才有需求？

想想什麼東西對你來說是「沒有的話會很困擾」的事物，需求就隱藏在其中。

17. 當企業發展到非常大的地步時，他人會一起走向共存。

如果你只有半吊子的能力，容易被周遭吞噬。為了不讓這種事發生，重點是搶先一步用數量製造影響力。

18. 菜刀沒有任何錯。

當新技術出現時，一定會發生問題。重點是碰到問題時，你是否能看清「問題到底出在哪裡」。如果只因為人們不了解新事物，而使新技術被消滅，就太可惜了。

19. 如果被背叛了，再以牙還牙。

一開始相信對方會比較有利，但一旦吃了虧，還是要立刻還擊。如果一直相信對方，只會度過吃虧的人生而已。

20. 任誰都有話想說。

所有人都認為自己最正確，人人能當評論家。無論是在電視前還是網路上，大家都想暢所欲言。

第四章

21. 因為有「場所」存在，所以人會展開行動。

人並不是因為有了動力才開始行動的。是有了適當的環境，而想開始行動，所以最重要的就是場所。有些看起來懶懶散散、毫無動力的人，只要換了場所，會像換了個人一樣開始動起來。

22. 站在能理解決策者與執行者的立場。

如果只知道一個世界，就只能在那個世界裡跟別人競爭。但發掘了第二個世界後，就能在兩個世界當中穿梭，並客觀的說出意見。

23. 勇於對人說出真話，而且要誠心道歉。

當被詢問意見時，要是你只說一些不痛不癢的意見，那還不如不說。我建議老實說出真心話。但事後如果發現自己說的不對，那也要誠心道歉，這會讓人對你產生信賴。

24. 提出一些角度不同的言論，就會非常顯眼。

在團體當中，最先說出意見的人在立場上會很吃香。不管說得正不正確，重要的是要先發表意見。也不要說一些理所當然的話，如果能說出一些讓周圍大吃一驚的反面意見，會更容易取得有利的位置。

25. 先有次級技能，再思考自己的主要技能。

為了要讓自己的意見有說服力，就必須有能支持自己意見的技能。如果從來沒踢過球的人發表足球的意見，相信誰也不會聽。

26. 我該不該改變工作業界？

如何知道自己該不該改變工作業界？如果兩極化非常嚴重，就表示這個業界正在衰退——當高階主管都沒有變動，就表示出現很多有能力，卻無法往上晉升的新人。新人漸漸的就不會再進來，並轉往其他業界，爭取往上爬的機會。

27. 我有和其他人稍微不一樣的地方嗎？

人們有許多相似之處，如果你能找到稍微有點差異的地方，那就能成為你的武器。這些事對你來說可能是理所當然，自己覺得不值一提，但對別人來說可能很有趣。

28. 遇到特殊的位置時先舉手爭取。

一發現：「喔，我沒體驗過這種事耶！」最好先試試看。重點是不要猶豫不決。如果是做得到的事那最好，遇到了不擅長的事，也能從中學習，不管怎麼說都會有收穫。

第五章

29. 假如自己的專長符合社會的要求，就比較容易在社會上成功。

無論過程如何，最後拿得出成果，就能獲得好評。就算再怎麼認真念書，要是考不上大學，一切也是白搭。

30. 如果經營者能做出良好的戰略，那麼基層只要按照指示行動，企業就可以順利發展。

位居上位的人責任重大。要是做出錯誤的判斷，說不定會造成全體滅亡。反過來說，基層的人只要做好被委託的工作就好了，就算一個人失敗了，對整體的影響還是很小。

31. 不要強迫他人努力。

請扔掉「我很努力，所以你也要很努力」這種心態。想努力的人自己努力就好了。一旦覺得自己的努力是一種努力，就無法勝過憑藉喜愛而做的人。

32. 守在不須努力的地方。

能努力也是一種才能。沒有這種才能的話，就找到能輕鬆做出成績的地方，一定有什麼地方是不須和他人競爭的。

33. 即使能力沒那麼傑出，如果能讓團隊氣氛變好，也有可能廣受喜愛。不光只是勤奮做好自己的事才算工作，有的人光是在場就能讓氣氛變好，讓溝通更愉快順利，不要小看這種才能。

34. 這究竟是遺傳還是環境造成的？有些事光憑自己的意志也無法改變。有時是遺傳的影響，有時是因為環境因素造成。請發揮自己的想像力，把可以放棄的部分與可以努力的部分分開思考。

35. 你是否很容易向「權威」屈服？有些人會無條件的對權威低頭，這種人順從他人會比較幸福。能對奇怪的事說「很奇怪」的人，自有他能奮戰的道路。你是屬於哪一種類型的人？

第六章

36. 如果我無法天馬行空、從零想出好點子，我還會做什麼事？
能從零開始想出好點子的人非常厲害。但光是這樣社會仍無法成立，改善和維持也是很重要的能力。

37. 今天要幫自己安排什麼任務？
工作究竟是有趣還是無趣，全憑自己下的功夫。決定一個主題，試著驗證、得出各種結果。光是這樣，工作就能像打電動一樣。人生也是如此。

38. 你身邊有想支持、幫他加油的人嗎？
待在有才能的人身邊輔助他，也是一條可行的路。為了讓那個人做出成果，自己能做什麼？試著磨練你的技術。

39. 找出不適合自己的生存方式並遠離，才是正確的戰略。
你如何在既定的期限裡完成被賦予的工作？從小學時寫暑假作業的行為，就能看出你的個性，這也反應出你的做事類型。不要做違反自己類型的工作，才能活得更聰明。

40. 你現在有做出什麼成績嗎？

「有沒有實績」是沒辦法說謊的。如果有實績的話，工作會一口氣變得很容易。在還沒做出成績時，雖然做事經常不順利，但也只能繼續累積經驗。就算很沮喪也沒辦法。

41. 這個人在追求的是什麼？

在談生意時，請聚焦在「對方到底在追求什麼」上。如果這一點和自己無法達成一致，就無法順利進行。

42. 這一週裡，是否有遇到新的事物？

你能享受人生嗎？這可以從你是否能說出最近發生什麼新鮮事中看出來。你是否每天只是過著日復一日的生活？還是有一些新鮮的刺激？請問問自己。

43. 你是否會因為感到不好意思而想回報？

每個人都為了顧好自己，漸漸失去從容和餘裕。儘管如此，你是否還是遵守著自己訂定的規範？試著思考一下。

第七章

44. 你是不是連調查都懶得做？

是否能過懶散的生活，取決於是否能澈底的調查。不是裝做知道的樣子，而是要調查到自己心甘情願接受的程度。不要覺得學習是很麻煩的事，這樣人生才會更有趣。

45. 你是不是一隻乖乖聽話的豬？

如果很明確知道事後自己會吃虧，那就要提出反對意見。只是考慮到對方，到頭來自己會很悲慘。豬應該在被吃掉之前，從豬肉店逃走才對。

46. 你能跟他人交涉或拜託他人嗎？

你有可以拜託的人嗎？就算沒錢，也能找到地方過夜、找到東西吃的人，就能堅強的活下去。試著多交一些可以拜託的朋友。

47. 人應該要最優先考慮自己。

這個世界上，弱者占了多數。弱者就應該守護著該守護的部分。沒必要老老實實的活著，而是要適度主張自己的權利。自己的人生要靠自己守護。

48. 就算是非常小、非常特定的需求，也有辦法賺錢。

為了能懶懶散散度過餘生，就要至少會一個只有自己做得到的技能。試著上街逛逛、到處觀察一下。意外的能賺錢的方法就在身邊。

49. 把世上所有的事物都當成「話題」看待。

不把失敗當成失敗，也是有技巧的。與其說一些虐待自己的話以博取他人同情，還不如拿出來讓大家笑笑比較好。世界上所有的事都能拿來當話題。不是只有成功才是一切。

國家圖書館出版品預行編目（CIP）資料

1%的努力，贏過 99%的人：用打遊戲策略「玩」成工作，擁有一千萬用戶的日本 PTT 創辦人的「精準閒晃」成功學。／西村博之著；郭凡嘉譯.
-- 初版. -- 臺北市：大是文化有限公司，2021.06
224 面；14.8×21 公分 . --（Think；217）
譯自：1% の努力
ISBN 978-986-5548-99-5（平裝）

1. 自我實現　2. 生活指導　3. 成功法

177.2　　110005306

Think 217

1%的努力，贏過 99%的人

用打遊戲策略「玩」成工作，擁有一千萬用戶的日本 PTT 創辦人的「精準閒晃」成功學。

作　　者／西村博之
譯　　者／郭凡嘉
責任編輯／連珮祺
校對編輯／陳竑悳
美術編輯／林彥君
副 主 編／馬祥芬
副總編輯／顏惠君
總 編 輯／吳依瑋
發 行 人／徐仲秋
會　　計／許鳳雪、陳嬅娟
版權專員／劉宗德
版權經理／郝麗珍
行銷企劃／徐千晴、周以婷
業務專員／馬絮盈、留婉茹
業務經理／林裕安
總 經 理／陳絜吾

出 版 者／大是文化有限公司
臺北市 100 衡陽路 7 號 8 樓
編輯部電話：（02）23757911
購書相關諮詢請洽：（02）23757911 分機 122
24 小時讀者服務傳真：（02）23756999
讀者服務 Email：haom@ms28.hinet.net
郵政劃撥帳號：19983366　　戶名：大是文化有限公司

法律顧問／永然聯合法律事務所
香港發行／豐達出版發行有限公司　Rich Publishing & Distribution Ltd
地 址：香港柴灣永泰道 70 號柴灣工業城第 2 期 1805 室
Unit 1805, Ph.2, Chai Wan Ind City, 70 Wing Tai Rd, Chai Wan, Hong Kong
電 話：21726513　　傳 真：21724355
Email：cary@subseasy.com.hk

封 面 設 計／林雯瑛　內頁排版／吳思融
印　　　刷／鴻霖印刷傳媒股份有限公司
出 版 日 期／ 2021 年 6 月初版
定　　　價／ 340 元（缺頁或裝訂錯誤的書，請寄回更換）
I S B N／ 978-986-5548-99-5
電子書 ISBN／ 9789865548988（PDF）
9789865548971（EPUB）